Los secretos de los precios

De los dos lados del mostrador

Coordinación editorial:
DÉBORA FEELY

Foto de contratapa:
JOSÉ VILLAMIL

Diseño de tapa:
DCM DESIGN

ARIEL BAÑOS

Los secretos de los precios

De los dos lados del mostrador

GRANICA

BUENOS AIRES - MÉXICO - SANTIAGO - MONTEVIDEO

© 2011 *by* Ediciones Granica S.A.

BUENOS AIRES   Ediciones Granica S.A.
Lavalle 1634 - 3° G
C1048AAN Buenos Aires, Argentina
Tel.: +5411-4374-1456
Fax: +5411-4373-0669
E-mail: granica.ar@granicaeditor.com

MÉXICO   Ediciones Granica México S.A. de C.V.
Valle de Bravo N° 21
Col. El Mirador
53050 Naucalpan de Juárez, México
Tel.: +5255-5360-1010
Fax: +5255-5360-1100
E-mail: granica.mx@granicaeditor.com

SANTIAGO   Ediciones Granica de Chile S.A.
Padre Alonso Ovalle 748
Santiago, Chile
E-mail: granica.cl@granicaeditor.com

MONTEVIDEO   Ediciones Granica S.A.
Scoseria 2639 Bis
11300 Montevideo, Uruguay
Tel: +5982-712-4857 / +5982-712-4858
E-mail: granica.uy@granicaeditor.com

www.granica.com

ISBN 978-950-641-592-1

Hecho el depósito que marca la ley 11.723

Impreso en Argentina. *Printed in Argentina*

Baños, Ariel
   Los secretos de los precios : de los dos lados del
mostrador . - 1a ed. - Buenos Aires : Granica, 2011.
   176 p. ; 22x15 cm.

   ISBN 978-950-641-592-1

   1. Economía Financiera. I. Título
   CDD 332

Para Galo, Joaquín y Natalia,
quienes tienen para mí un precio
que nunca sabré calcular.

ÍNDICE

AGRADECIMIENTOS

A Natalia, mi esposa, que leyó con dedicación cada uno de los artículos, a pesar de que no tenían nada que ver con la oftalmología.

A Javier Echaniz, por esas casualidades también mi primo, pero por sobre todas las cosas un gran guía en mi desarrollo profesional.

Al equipo de la sección Economía del diario *La Capital* de Rosario, que confió en mí y en el potencial del tema, dando lugar a la columna dominical "El precio justo", en gran medida la génesis de este libro.

A mis padres, Chiche e Irma, y mis hermanas, Evangelina y Analía, fieles lectores de la columna y apreciados críticos.

A Materiabiz, en las personas de Manuel Sbdar, Diego Fainburg y Federico Ast, grandes inspiradores de un estilo de comunicación de las ideas de negocios que no tiene por qué ser ni complejo, ni aburrido, aunque nunca debe dejar de ser riguroso.

A los miembros y usuarios de *fijaciondeprecios.com* de todo el mundo de habla hispana, quienes con sus comentarios, sugerencias y reclamos me ayudaron a darle forma a nuevas ideas para abordar este apasionante tema.

PRÓLOGO

"¿Qué precio tiene?", o alguna variante de significado similar, es sin dudas la frase más popular en el mundo de los negocios. Esta incisiva pregunta aparece rigurosamente en las transacciones comerciales más diversas, y con frecuencia es motivo
de obsesión, tanto de compradores como de vendedores.

Sin embargo, a pesar de su gran popularidad y visibilidad,
los precios presentan también un costado enigmático apenas
comenzamos a profundizar en el tema. ¿Qué límite define
que algo sea considerado caro o barato? Lo más caro ¿siempre es mejor? ¿Por qué razón algunos precios terminan en
nueve? ¿Pueden las empresas tomar el control de sus precios,
o ellos son definidos por el mercado? Conocer los costos ¿es
suficiente para determinar el precio? Estos son solo algunos
de los interrogantes que suelen aparecer. Abordar este tipo de
preguntas es justamente la finalidad principal de este libro.

Desde muy pequeño, siempre me intrigó el origen de
los precios. ¿Serían el resultado de complejos cálculos de
alta precisión? ¿Cómo harían las empresas que comercializan cientos de productos distintos? ¿Habría reuniones de
directorio con supercomputadoras para determinar el precio óptimo de cada ítem? Tratar de encontrar una respuesta
a estas inquietudes tuvo un gran peso en la elección de la

economía como mi camino de formación. Luego, ya en el momento de elegir un posgrado, la balanza se inclinaría hacia la administración de empresas para tratar de obtener una visión más integral de las compañías.

Mi carrera profesional me llevaría luego a tomar la responsabilidad de definir precios dentro de una empresa multinacional y, como parte de dicha experiencia, tener contactos con colegas de diferentes partes del mundo. Tanto la formación académica como el aspecto profesional resultaron experiencias realmente reveladoras acerca de los fundamentos de las decisiones de precios. Para mi sorpresa, estas decisiones no se basaban solo en aspectos formales y racionales como yo sospechaba desde pequeño. Si bien existían cálculos y fórmulas, muchas veces la información utilizada incluía cuestiones tan subjetivas como la reacción de los clientes ante los dígitos finales del precio, o la relación entre el importe pagado y la calidad percibida. Estos últimos aspectos, lejos de quitarle rigurosidad a la disciplina, hablaban de la necesidad de adoptar un enfoque especial para gestionar las decisiones de precios. Pero, ¿existía dicho enfoque en algún lugar?

Los Estados Unidos siempre han sido el principal mercado de referencia en materia de decisiones de precios, o *pricing*, como se denomina en inglés la gestión profesional de precios. Allí, esta variable tiene un peso indiscutido en todas las empresas que, convencidas de su impacto en los resultados, no dudan en destinar recursos especializados para administrar este tipo de decisiones. Así es frecuente encontrar, dentro de las organizaciones, áreas especializadas en precios que utilizan avanzadas herramientas informáticas y de gestión, y que combinan el núcleo duro de cálculos y fórmulas con los igualmente importantes aspectos más subjetivos de la conducta de los clientes.

Sin embargo, en el mundo de habla hispana, la realidad es aún muy diferente. El *pricing* es una disciplina que recién está dando sus primeros pasos dentro de las empresas. Consciente de esta situación, y con la visión de que esto representaba una gran oportunidad, comencé en 2005 con *fijaciondeprecios.com*, un sitio web que se convirtió en la primera usina de conocimiento sobre *pricing* en español. Su finalidad principal desde entonces ha sido contribuir a la difusión de la mejores prácticas de esta disciplina en toda América Latina y España. Los miles de visitas, comentarios y contribuciones que se han sucedido en los últimos años permitieron el crecimiento del sitio, y me motivaron a avanzar más en la difusión del tema precios, esta vez por medio de un libro.

El punto de partida de esta obra fue, justamente, una selección de artículos, algunos de ellos inéditos y otros publicados en *fijaciondeprecios.com* y en diferentes medios especializados. La mayoría narra, mediante ejemplos y casos prácticos, la experiencia de empresas y clientes relacionada con los precios. No se trata de un manual sobre el tema, ni de una recopilación ordenada de conceptos. En este caso, el objetivo principal es llamar la atención acerca del gran impacto que tienen los precios en nuestras vidas. Apelando a situaciones cotidianas, se rescatan evidencias del efecto que los precios tienen, tanto a nivel personal –en nuestro rol de consumidores–, como a nivel laboral –cuando somos parte de una empresa–. Por eso decimos que analizaremos los precios desde los dos lados del mostrador. Descubrir los secretos de los precios es un paso obligado para quienes quieran aprovechar las oportunidades que encierra la administración de esta variable, crítica tanto para compradores como para vendedores.

ARIEL BAÑOS
Rosario, febrero de 2011
ariel_banos@fijaciondeprecios.com
www.fijaciondeprecios.com

INTRODUCCIÓN

"Aproveche: 2x1", "50% *off*", "Increíble: todo al costo". Juan quedó perplejo al ver tantos anuncios de ofertas en las vidrieras de los locales. Era plena temporada de liquidaciones, y las comunicaciones de gran impacto visual estaban a la orden del día en todos los locales comerciales. Pasaba por una sensación parecida, cada vez que concurría a un supermercado. La gran cantidad de información de precios y alternativas lo hacía sentir desbordado e intrigado a la vez.

¿Qué había detrás de esas decisiones de precios? ¿Qué sabían dichas empresas, que él no supiese? ¿Por qué tanta diferencia entre los productos de mayor y menor precio para presentaciones equivalentes? Lo más caro, ¿era realmente lo mejor? ¿Por qué muchos precios terminaban en nueve? ¿Qué razón había para que algunos precios tuviesen un asterisco a su lado?

Como flamante emprendedor, Juan había puesto en marcha una pequeña empresa. Ahora sumaba una nueva visión de los precios. ¿Cómo decidir qué precio le corresponde a cada producto y servicio? ¿Podía aprovechar de alguna manera las estrategias de precios que tanto lo intrigaban como consumidor? ¿Qué conceptos y herramientas no podía dejar de lado al tomar decisiones de precios? ¿Eran los costos la mejor guía?

Su espíritu inquieto lo llevaba a investigar más sobre el tema. Su gran objetivo: *conocer los secretos de los precios, desde los dos lados del mostrador.* Es decir: cómo interpretar las estrategias de precios de las empresas líderes desde el punto de vista del cliente y, del otro lado del mostrador, aprovechar este conocimiento para tomar mejores decisiones de precios como vendedor.

Acompañemos a Juan en su experiencia de descubrimiento de las claves para comprender y utilizar las estrategias de precios.

1. EL ABC DE LOS PRECIOS

Definir un precio es una acción que no puede ser realizada simplemente con la guía de la intuición. Existen sencillos modelos que nos permiten identificar los factores fundamentales a tener en cuenta. Veamos las consideraciones básicas, antes de tomar una decisión de precios.

Quiero fijar un precio, ¿por dónde empiezo?

Definir un precio es una tarea que requiere un cuidadoso análisis previo, debido a su gran impacto en los resultados. ¿Cuáles son los factores clave a tener en cuenta?

Juan puso en marcha su espíritu emprendedor, y decidió abrir junto con su novia una pequeña librería de barrio. El inicio del negocio disparó una gran cantidad de opiniones y consejos del entorno familiar. Uno de los temas que provocó mayores debates fue: ¿cuál debía ser el precio de los artículos?

En la mesa familiar, cada uno expresó su opinión. El padre, citando de manera casi exacta a un tradicional manual de contabilidad, opinaba que "los precios tienen que permitir recuperar los costos de los artículos, y dejar un margen de ganancia". La madre, acostumbrada a recorrer los comercios del barrio, siempre atenta a los precios, señaló: "Hay que tener en cuenta los precios de las otras librerías de la zona, la gente camina y compara precios".

La menor de sus hermanas, finalmente, también ofreció su aporte, dejando entrever su gran conciencia social: "La librería está muy cerca de una escuela de alumnos de bajos recursos, los precios tienen que ser accesibles para los niños".

Todos los argumentos parecían tener una lógica difícil de rebatir. Juan estaba aún más confundido que al comienzo. ¿Cuál sería, entonces, el mejor camino para definir los precios de la librería?

Las variables clave

Afortunadamente, no siempre es necesario realizar elecciones tan terminantes. La discusión familiar, con mucho sentido común, había llevado a identificar los factores clave que la teoría indica deben tenerse en cuenta al momento de tomar decisiones de precios:

- **Costos:** "Los precios tienen que permitir recuperar los costos de los artículos y dejar un margen de ganancia".

- **Competencia:** "Hay que tener en cuenta los precios de las otras librerías del barrio, la gente camina y compara precios".

- **Clientes:** "La librería está muy cerca de una escuela de alumnos de bajos recursos, los precios tienen que ser accesibles para los niños".

Al agregar una cuarta variable: **canal de ventas**, que es principalmente relevante para aquellas empresas que venden sus productos a través de intermediarios, pueden identificarse los cuatro factores clave para la fijación de precios: costos, competidores, clientes y canal de ventas, también conocidos, por sus iniciales, como las **"4 C"** (Figura 1).

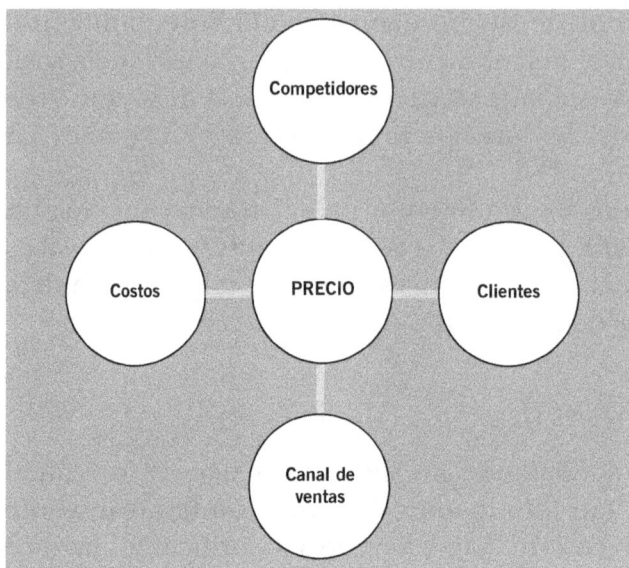

Figura 1. Las "4 C" de las decisiones de precios.

Ahora bien, una vez identificadas las variables fundamentales, ¿cuál es el paso siguiente? Es conveniente tener en cuenta que no existen recetas ni fórmulas mágicas. Cada empresa enfrenta desafíos particulares, y los precios deben reflejar este hecho. Por lo tanto, es necesario que se analice en profundidad cada una de las variables fundamentales, sin perder de vista el contexto particular en el que desarrolla sus actividades la empresa. Sin embargo, existen algunas pautas generales que pueden ayudar a orientar un poco este análisis, independientemente del tamaño y sector de actividad de la empresa. Mantengamos el caso de la librería solo a modo de ejemplo.

Consejos prácticos

Los **costos** constituyen un "piso" para el precio, ya que ninguna empresa será sustentable si vende por debajo de ellos.

Si bien el concepto es muy sencillo e intuitivo, el desafío consiste en identificar con claridad cuáles son los costos relevantes de cada venta. Supongamos que la librería incorpora una nueva línea de pinturas artísticas. Al momento de definir el precio, la información relevante estará compuesta por los costos de adquisición de estos artículos, y los recursos específicamente invertidos para la nueva línea (equipamiento, instalaciones, capacitación del personal). Este tipo de costos se denominan *incrementales*, dado que su aparición puede atribuirse a la decisión de negocios que se está analizando. Los restantes costos de la empresa, por ejemplo, los salarios del personal o los impuestos a la propiedad, al no modificarse por la incorporación de la nueva línea, no son relevantes para la definición del precio de las pinturas artísticas. Son los costos *no incrementales*.

Al considerar a los **clientes**, resulta fundamental estimar el valor que ellos le asignan a los productos y servicios de la empresa. De hecho, no todos los clientes tienen las mismas valoraciones y preferencias, y esto debe ser tenido en cuenta al momento de definir los precios. Por ejemplo, habrá quienes atribuirán un valor adicional a la posibilidad de realizar fotocopias con entrega inmediata, aun cuando el precio a pagar sea algo mayor. Otros clientes, quizás estudiantes que demanden gran cantidad de copias pero que tengan un presupuesto limitado, en cambio, estarán dispuestos a aceptar que los trabajos se entreguen al día siguiente, a cambio de un descuento. Este último caso indica una valoración diferente del servicio, y caracteriza a un segmento del mercado más sensible al precio. Por lo tanto, resultará recomendable establecer, junto con la condición de entrega de copias al día siguiente, un abono, que represente un precio menor por copia, para captar el segmento de estudiantes.

En relación con los **competidores**, es necesario comprender cuál es su estrategia de precios e identificar con claridad en cuál de los segmentos de clientes se está compitiendo. En el caso de la librería, por ejemplo, puede existir otro local del mismo rubro a tres cuadras de distancia. En tal situación puede considerarse que se trata de un competidor directo solo para aquellos clientes que caminan buscando el mejor precio. Sin embargo, quizás no sea una opción considerada por aquellos clientes que buscan conveniencia; es decir, principalmente comodidad y cercanía para realizar sus compras de librería.

Una de las claves para reducir al máximo los conflictos con los competidores es evitar la tentación de atraer clientes solo mediante precios bajos. Esta estrategia es muy riesgosa, ya que las decisiones de precios, al no requerir inversión alguna y ser relativamente fáciles de implementar, pueden ser rápidamente igualadas por las otras empresas. Otra consecuencia será el efecto sobre la percepción de calidad. En algunos casos, un precio bajo podría asociarse a un producto o servicio de calidad inferior, con las consecuencias negativas que esto representa. Además, si bien una reducción de precios puede ser rápidamente aceptada y asimilada por los clientes, más adelante no será sencillo volver a los niveles anteriores. Los menores precios se transforman en la nueva referencia para los clientes, que luego mostrarán resistencia a volver a pagar los valores originales.

Con respecto al **canal de ventas**, la principal responsabilidad sobre la estrategia de precios recae sobre el primer eslabón de la cadena comercial, es decir: el fabricante o importador. Este debe desarrollar y mantener una política de precios que brinde los incentivos adecuados a los restantes miembros del canal (mayoristas, minoristas, agentes, etc.), para que puedan impulsar el producto. Por ejemplo, si las tarjetas prepagas de telefonía[1] representaran para la

---

1. Se trata de créditos de telefonía, principalmente móvil, que pueden adquirirse en forma anticipada, mediante la compra de una tarjeta que contiene un código para activar el servicio.

librería un margen muy bajo y una inversión demasiado significativa, esta probablemente desistirá de venderlas. La política de precios de la empresa de telefonía, en este caso, no estaría ofreciendo los incentivos adecuados para que los miembros del canal de ventas puedan comercializar el producto.

Finalmente, combinando de forma adecuada los resultados del análisis de cada una de las variables fundamentales, se llegará a la determinación de los precios de venta. Sin embargo, dado el dinamismo de los mercados, deberá realizarse también un seguimiento y una actualización permanentes. Hechos como variaciones de costos, acciones de los competidores y nuevos segmentos de clientes con necesidades particulares, obligan a revisar permanentemente las decisiones de precios. Dedicar el debido tiempo a un análisis en profundidad tendrá un importante retorno para la empresa, ya que el precio es la variable con mayor impacto en los resultados.

¿Por qué son importantes las decisiones de precios?

El precio es una variable sobre la cual la empresa puede actuar. La mayor justificación para adoptar un enfoque activo en materia de precios es su enorme potencial para impulsar los resultados, pues incluso aventaja a variables clásicas como costos o volúmenes de venta.

"Mejor me ocupo de las cosas que puedo controlar." Este era el pensamiento de Juan al momento de definir los aspectos que priorizaría en su gestión en la librería. Sus dos preocupaciones centrales serían: reducir sus costos tanto como fuera posible y generar el mayor volumen de ventas a su alcance. ¿Y los precios? ¿Para qué destinar tiempo a algo que no se puede controlar?, razonaba Juan. Su filosofía de negocios era que con costos controlados y un gran volumen de ventas, los resultados positivos aparecerían automáticamente con los precios vigentes en el mercado. Juan veía pocas posibilidades de trabajar sobre una variable que a su juicio era totalmente exógena, es decir, que era definida fuera de la empresa. Pero, ¿esto es realmente así o hay alguna manera de tomar el control de los precios?

Si a los ojos del cliente, el producto o servicio es exactamente igual al ofrecido por un competidor, entonces toda la decisión de compra se basará en quién tiene el precio más bajo. En esta situación, la empresa no puede ejercer influencia alguna sobre los precios. Al no existir ningún atributo tangible o intangible de diferenciación, la única variable que puede utilizar el cliente para distinguir lo que le ofrecen es el precio. Esta situación es frecuente en mercados de *commodities* agrícolas o de minerales, donde se realizan transacciones de productos prácticamente homogéneos, y los precios del mercado están fuera de cualquier influencia de oferentes y demandantes[2].

Sin embargo, en la actualidad la mayoría de los mercados corresponden a productos y servicios diferenciados. A los ojos de los clientes, no todas las marcas son iguales ni todos los productos y servicios satisfacen de la misma manera sus necesidades. Este nivel de diferenciación puede ejercer gran influencia en la disposición a pagar de los clientes, y permite que las empresas tomen un rol activo en la definición de sus precios.

---

2. La teoría económica caracteriza a esta situación como un "mercado de competencia perfecta". Está definido por la existencia de gran cantidad de oferentes y demandantes, que realizan transacciones sobre un bien homogéneo, en condiciones transparentes y sin restricciones a la entrada o la salida. Las empresas asumen una posición "precio-aceptante"; es decir que, al no poder ejercer influencia sobre el precio de mercado, actúan como si este estuviese dado.

Así, muchas empresas, aun con productos que en algún momento podrían haber sido considerados *commodities*, han desarrollado una propuesta de valor especial para tomar el control de su política de precios. Starbucks, la mayor cadena de cafeterías del mundo, por ejemplo, ha innovado en un mercado tan maduro como el del café. Esta empresa comunicó una propuesta de valor especial que le ha permitido establecer un nivel de precios superior al promedio tradicional del mercado. En otros ámbitos, algunos bares y restaurantes han comprendido que el valor asignado por los clientes al café, varía según el momento y la situación de consumo. Así, es habitual observar locales que ajustan el precio según la hora a la que se consume la bebida (precio menor durante el día y mayor por la noche). Algunos también arman "paquetes" y ofrecen el café a precios diferentes si se compra junto con otros productos (por ejemplo, medialunas y jugo de naranja) en el desayuno o en la merienda. Uno de los detalles más llamativos e innovadores de estas prácticas es su total independencia de una variable que tradicionalmente dominó las decisiones de precios, como es el caso de los costos. ¿Acaso es más costoso para la empresa preparar un café por la noche?

El precio y los resultados

El impacto del precio sobre los resultados de la empresa es la razón que justifica el esfuerzo por tomar el control de los precios.

Imaginemos la siguiente situación: tras un cuidadoso análisis que permitió detectar pequeñas oportunidades, una empresa logra mejorar sus precios en un 1%, por ejemplo, al identificar un segmento de mercado de alto poder adquisitivo, al cual no le ofrecerá en el futuro descuentos promocionales. Al mismo tiempo, un grupo de ingenieros, tras semanas de trabajo, encuentra la forma de reducir los costos en un 1%, mediante la redefinición de un proceso productivo.

Simultáneamente, un vendedor logra cerrar una operación con un nuevo cliente que incrementa en un 1% las cantidades vendidas por la empresa. ¿Cuál de estas acciones tendrá mayor impacto en los resultados de la empresa? Aunque para algunos pueda resultar sorprendente, la mejora en los precios es la que afectará en mayor medida los resultados económicos del negocio.

Un estudio realizado por la consultora McKinsey[3] comprobó, sobre una muestra de 1.200 empresas a nivel global, que una mejora en los precios tiene un efecto en los resultados tres veces mayor que una mejora equivalente en las cantidades vendidas, y un 50% superior que una reducción en los costos variables, manteniendo todo lo demás constante (Figura 2). Sin embargo, si bien la reducción de

Cada 1% de mejora en:

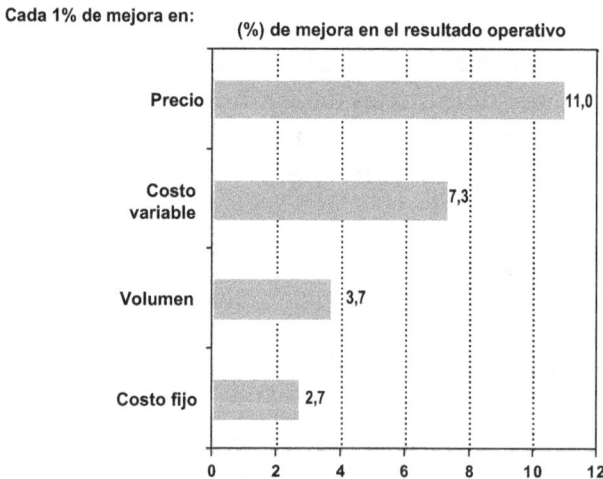

Fuente: Marn, Michael; Roegner, Erik y Zawada, Craig, *The Price Advantage.* John Wiley & Sons, New Jersey, 2004.

Figura 2. Efecto en los resultados.

---

3. Marn, Michael; Roegner, Erik y Zawada, Craig: *The Price Advantage.* John Wiley & Sons, New Jersey, 2004.

costos y el incremento de los volúmenes de ventas constituyen los objetivos permanentes de las empresas, muy pocas destinan recursos al análisis de oportunidades en materia de precios.

Esta capacidad para impulsar los resultados y las posibilidades que ofrece la creciente diferenciación de productos y servicios, son los principales justificativos de la oportunidad que representa para las empresas adoptar un enfoque profesional para gestionar sus decisiones de precios.

¿Qué precio tiene mi trabajo?

Un gran desafío para todos los que trabajan de forma independiente, cualquiera sea su actividad, es definir el precio de sus servicios. Identificar los elementos fundamentales por considerar en dicha situación es el primer paso.

Finalmente, Juan decidió incorporar una fotocopiadora láser de gran capacidad para su librería. Si bien era un modelo usado, que ya no se fabricaba, aparentemente se encontraba en buen estado. Esta máquina era imprescindible para cumplir con la creciente cantidad de copias que demandaban las empresas de la zona. Luego de dos meses de impecable funcionamiento, inesperadamente, la "flamante" fotocopiadora se apagó y fue imposible volver a encenderla.

Juan llamó de inmediato al técnico de confianza encargado de las reparaciones, pero para su sorpresa recibió como respuesta que no conocía nada acerca de ese modelo de fotocopiadoras. Hizo un poco de memoria, y vagamente recordó el nombre de un técnico que se especializaba en ese tipo de máquinas, que parecía ser el único en la región. Cada vez más desesperado por la presión de los trabajos que se atrasaban, Juan decidió llamarlo. Esta persona llegó rápidamente y comenzó por observar con detenimiento la máquina, por no más de un minuto. Luego, tomó una herramienta y ajustó un tornillo que se encontraba flojo. Problema resuelto.

Más tarde, el técnico envió una factura con el precio de sus servicios: "US$ 250". Juan casi se desmaya al leer el importe, y exclamó: "¡US$ 250!, es ridículo, todo lo que hizo fue ajustar un tornillo y no le tomó más de un minuto". Inmediatamente realizó el reclamo por el aparente abuso. Sin exasperarse por las quejas de Juan, el técnico rehizo la factura, esta vez con el siguiente detalle: "Ajustar un tornillo: US$ 1; saber qué tornillo ajustar: US$ 249".

La historia anterior tiene como eje un controvertido tema: ¿debe ser el tiempo de trabajo el principal determinante del precio? ¿Las personas deberían recibir un pago proporcional al esfuerzo y al tiempo dedicado a una cierta tarea? Un estigma que tradicionalmente han sufrido las decisiones de precios es que se las ha relacionado casi en forma exclusiva con los costos. El tiempo de trabajo y los recursos empleados son conceptos estrechamente relacionados con los costos. Sin embargo, este enfoque nada nos dice acerca del valor que representa el trabajo realizado para el cliente[4]. Tampoco considera las acciones de los competidores. Definir un precio no debería consistir solo en sumar costos, ni imitar ciegamente los presupuestos de los competidores. Menos aun intentar el arriesgado "cobrar según la cara del cliente".

Existe un sencillo modelo que destaca las variables fundamentales para las decisiones de precios: costos, competidores y clientes, y su rol para definir el precio de los servicios de aquellas personas que trabajan en forma independiente.

---

4. Para ampliar información acerca de la relación entre el precio y el valor para el cliente, ver el artículo "Lionel Messi y el valor de los resultados", página 122.

Definir un precio adecuado es un gran desafío, y como tal debe ser abordado de una manera ordenada y sistemática. Aunque se trate de profesiones que ninguna relación tengan con cuestiones económico-financieras, será un tiempo bien invertido el dedicado a analizar las decisiones de precios, por ser estos la clave de la viabilidad económica de la actividad desarrollada.

Cuando se piensa en precios, uno de los primeros conceptos que aparecen es el de **costos**. Pero, ¿cómo calcularlos cuando el principal insumo utilizado es el propio tiempo de trabajo? No se trata de un costo tradicional, en realidad es un costo implícito, bautizado por los economistas como "costo de oportunidad". Para estimarlo, debe recurrirse a un método indirecto. Supongamos que, en lugar de trabajar de manera independiente, se decidiera iniciar una carrera laboral en relación de dependencia. En tal caso, cuál sería el mejor sueldo que podría obtenerse. Aquí es necesaria una gran dosis de sinceridad, ya que se trata de establecer un ingreso factible en el corto plazo, y no simplemente una aspiración. Luego, a este sueldo en relación de dependencia (incluyendo los beneficios sociales) deben sumarse los gastos directos de la actividad o profesión (matrícula, oficina, viáticos, etc.). Este total debe dividirse por la cantidad de horas promedio que puede llegar a facturarse. Para obtener las "horas facturables" de una actividad independiente, se le debe restar, al tiempo total de trabajo, aquellas horas dedicadas a tareas imposibles de cobrar, de manera directa, a los clientes. Dentro de esta categoría se encuentran el tiempo dedicado a actividades administrativas, de publicidad y promoción, a visitar clientes, o presupuestar trabajos, entre otras. El costo de estas actividades deberá distribuirse entre las "horas facturables", Es difícil estimar con exactitud la cantidad de "horas facturables", ya que puede variar mucho según la actividad que se desempeñe, e incluso puede oscilar en el tiempo para una misma actividad. Para simplificar esta estimación, y solo a modo de ejemplo, algunos profesionales experimentados en el campo de la consultoría recomiendan considerar aproximadamente el 60% de las horas laborables totales como "horas facturables". Esto representa, para una jornada de 8 horas de trabajo, un promedio de casi 5 "horas facturables" por día. Entonces, al dividir el costo de oportunidad más los gastos directos de la actividad, por la cantidad de "horas facturables", se obtiene una estimación razonable del costo por hora de la labor independiente.

Un ejemplo

Supongamos que la remuneración total de la mejor alternativa de trabajo, en este caso un puesto en relación de dependencia, es la siguiente:

Costo de oportunidad:

- Sueldo neto: $ 12.000
- Aguinaldo: $ 1.000
- Bonus $ 2.000
- **Salario total**   **$ 15.000**
- Aporte jubilatorio $ 1.500
- Obra social $ 2.500
- **Beneficios totales**   **$ 4.000**
- **Remuneración total anual: $ 15.000 + $ 4.000 = $ 19.000**

Gastos generales de la actividad independiente:

- Alquiler $ 6.000
- Gastos de oficina $ 2.500
- Impuestos $ 1.500
- **Gastos generales anuales:** **$ 10.000**

Si tomamos un 60% de "horas facturables" sobre un total de 2.000 horas laborables anuales (8 horas x 5 días semanales x 50 semanas), quedan 1.200 horas que efectivamente pueden cobrarse en forma directa a los clientes.

Al sumar a la remuneración total anual en relación de dependencia (costo de oportunidad) el total de gastos generales anuales de la actividad independiente, el resultado es $ 29.000. Al dividir este total por la cantidad de "horas facturables" anuales ($ 29.000/1.200) se llega a la suma de $ 24,20, que representa el costo promedio por hora de la actividad independiente.

Esto significa que el precio (por hora) a cobrar a los clientes por los servicios prestados no debería ser inferior a $ 24,20, ya que de lo contrario sería más conveniente aceptar un trabajo en relación de dependencia, cuyos beneficios económicos serían mayores.

El cálculo puede deparar muchas sorpresas; por ejemplo, que el costo resultante sea tan alto que no existan clientes dispuestos a pagarlo. Este es un buen indicio de que quizás no deba descartarse la alternativa de trabajar en relación de dependencia. Sin embargo, el costo no es toda la historia en materia de precios, digamos que solo es el comienzo. Luego entran en consideración dos factores externos de gran peso: clientes y competidores.

En el caso de los **clientes**, el hecho fundamental a tener en cuenta es su diversidad. Un error frecuente consiste en considerar a todos los clientes de la misma manera, adoptando un precio de venta único. En efecto, este precio podría resultar muy alto para algunos (que directamente no comprarán), mientras que para otros podría ser inferior a lo que verdaderamente estarían dispuestos a pagar. Sin embargo, la solución no es "cobrar según la cara del cliente", una alternativa que probablemente provoque un gran rechazo por su subjetividad y arbitrariedad. La oportunidad consiste en segmentar el mercado; es decir, agrupar clientes según ciertas características. Así, pueden ofrecerse diferentes paquetes de servicios a distintos precios, o incluso el mismo servicio a diferentes precios, siempre que se logre definir objetivamente las condiciones que debe cumplir cada cliente para acceder a cada uno de ellos. Por ejemplo, existen profesionales que realizan descuentos sobre sus honorarios habituales cuando atienden a jubilados. El servicio que reciben los jubilados es exactamente el mismo, pero por pertenecer a este segmento, que se supone de menor poder adquisitivo, se les permite acceder al descuento. La lógica aplicada en este caso es que con los honorarios habituales gran parte de los jubilados no podrían contratar el servicio, y resulta preferible aceptar un precio más bajo, a no tenerlos como clientes. Sin embargo, esto no significa que el precio deba reducirse para todos los clientes, ya que la condición para acceder al precio preferencial es acreditar que se pertenece al segmento favorecido.

Los **competidores** son otro factor a tener en cuenta en las decisiones de precios. Por lo general, no estamos solos en el mercado. Una de las claves es evitar la tentación de atraer clientes solo mediante precios bajos. Esta estrategia es muy riesgosa, ya que al no requerir inversión alguna y ser relativamente fácil de implementar, puede ser igualada con celeridad por quienes se sientan amenazados por el movimiento realizado. Otra consecuencia será el efecto sobre la percepción de calidad de los servicios profesionales. En muchos casos, un precio bajo podría asociarse a un servicio de calidad inferior, con las consecuencias negativas que esto representa. Asimismo, los clientes podrían sospechar que el menor precio se origina en una reducción de la calidad de las prestaciones. Para evitar este tipo de consecuencias indeseadas, debe controlarse permanentemente el nivel de precios de los competidores, y de esta forma mantener un posicionamiento coherente con el o los segmentos a los cuales apuntan los servicios ofrecidos. No debe caerse en la trampa de imitar precios de competidores cuyo objetivo es otro segmento de clientes. Por ejemplo, un estudio contable que se especializa en empresas grandes no podría tomar como referencia los precios de un contador recién recibido que ofrece sus servicios a pymes.

Considerando de manera simultánea e integrada estas tres variables clave: costos, clientes y competidores, podrán evaluarse adecuadamente las opciones más convenientes para definir el precio a cobrar por los servicios ofrecidos. Este sencillo esquema permitirá formalizar el proceso de definición de precios sin caer en enfoques parciales y controvertidos.

2. EL ARTE DE LAS PROMOCIONES Y DESCUENTOS

Las promociones y descuentos son acciones de alto impacto y efecto inmediato en las ventas y los resultados. Requieren de la máxima pericia para su diseño e implementación, ya que no hay margen para corregir errores. En este capítulo se repasarán algunos consejos básicos para tener en cuenta al momento de lanzar promociones y descuentos, y se analizarán algunos casos prácticos particularmente interesantes.

Promociones exitosas: seis claves para generar el máximo impacto

Las promociones, especialmente las relacionadas con precios, son herramientas de alto impacto para impulsar ventas y lograr mejores resultados. Sin embargo, su uso y abuso ha distorsionado el sentido original de este tipo de acciones, generándose un gran descrédito, tanto por parte de los clientes como dentro de las mismas empresas. ¿Qué principios básicos deben respetarse para conseguir los resultados esperados?

Inspirado por la gran cantidad de anuncios que poblaban las vidrieras de los comercios, Juan decidió que era el momento de implementar una promoción en su empresa para dar un nuevo impulso a las ventas. Ahora bien, ¿qué nociones no debería dejar de lado para implementar exitosamente la promoción?

Para gran parte de los clientes, es difícil escapar al magnetismo de la palabra promoción, aun en períodos de crisis económica. La posibilidad de aprovechar una oportunidad única resulta una propuesta muy atractiva. Por el lado de las empresas, los testimonios rescatan que su solo anuncio genera mucho más tránsito hacia los locales de venta. Así, concurren tanto ávidos cazadores de ofertas, expertos en aprovechar este tipo de situaciones, como ocasionales clientes que se ven tentados por comunicaciones de gran impacto visual.

Sin embargo, el masivo uso, y en ocasiones abuso, de la palabra promoción ha generado un cierto descrédito por parte de los clientes e incluso dentro de las propias empresas. Por esta razón, resulta conveniente definir los requisitos principales que debería cumplir una promoción para lograr un resultado exitoso:

- No generar falsas expectativas en los clientes
- Establecer por anticipado la fecha de comienzo y finalización
- Elegir un formato de fácil comprensión para los clientes
- Analizar el efecto en la reputación de la marca
- Estimar el riesgo de generar una guerra de precios
- Medir el resultado económico obtenido

– **No generar falsas expectativas en los clientes.** La promoción debe ser percibida como una real ventaja en relación con las condiciones normales de venta. Es decir que el precio promocional debe representar, a criterio del cliente, un importante descuento respecto del valor de referencia del producto o servicio. La clave aquí es la percepción del cliente. Que algo se considere una oportunidad es una situación totalmente subjetiva, relacionada con los precios de referencia que cada uno tenga incorporados. Una táctica, a la que apelan muchas empresas para ganar credibilidad, es mostrar el precio anterior junto al nuevo precio promocional. Si bien esto puede ayudar, algunos clientes aún se mantienen escépticos, ya que desconfían de la información suministrada. Todos hemos pasado alguna vez por amargas experiencias luego de adquirir productos en promoción. Sobran anécdotas en las que luego de comprar el producto vemos que es el mismo que se ofrece a menor precio en otro lugar, o que luego del transcurso de varios meses el precio promocionado aún sigue vigente o quizás que hasta se ofrezca con un descuento mayor. Esas experiencias van mermando la confianza de los clientes. Las empresas no deben caer en este tipo de conductas si quieren mantener la eficacia de las acciones promocionales y la preferencia de los clientes.

— **Establecer por anticipado fecha de comienzo y finalización.** El objetivo de toda acción promocional es generar un *shock* en las ventas; es decir, un crecimiento súbito en la facturación en un tiempo acotado. Este efecto no puede lograrse si no se transmite la sensación de urgencia a los clientes, mediante la indicación de que el precio especial tendrá una vigencia limitada. Las promociones eternas contribuyen a hacer crecer la desconfianza en este tipo de recursos. Vivir de liquidación es una frase que suena muy bien como eslogan comercial, aunque rápidamente pierde la credibilidad de los clientes. Cuando ellos descubren que la tan anunciada promoción especial en realidad es una nueva condición de venta casi permanente, o que se repite en días ya conocidos de antemano, entonces se pierde el efecto esperado en las ventas. Los clientes, al anticipar el ciclo de repetición de la promoción, simplemente acomodan sus compras a ese patrón, en lugar de comprar una mayor cantidad en un momento dado, lo que sí ocurriría si pensaran que la promoción no se repetirá. Además, al mantenerse en el tiempo, las promociones especiales terminan por ser incorporadas como nuevos precios de referencia por parte de los clientes, quienes no aceptarán, sin protestar, el retorno a las condiciones anteriores.

- **Elegir un formato de fácil comprensión para los clientes.** Es importante ubicarse del lado del cliente para analizar si la promoción es comprensible de una manera rápida y directa. Es muy sencillo para los clientes entender una promoción del tipo "lleve dos y pague uno" o "2x1". Sin embargo, una promoción al estilo "15% de descuento cuando se compran tres o más unidades en dos semanas", suena mucho más confusa y complicada, por lo que previsiblemente tendrá un menor nivel de aceptación. Para obtener buenos resultados no debe requerirse a los clientes un gran esfuerzo mental para que comprendan de qué se trata la promoción. Una buena alternativa es realizar un pequeño test con una muestra de clientes para verificar si la promoción se entiende en forma adecuada, y medir su receptividad.

- **Analizar el efecto en la reputación de la marca.** Aunque pueden traer grandes resultados positivos en el corto plazo, las promociones no fortalecen la reputación de la marca, ni incrementan la lealtad de los clientes en el largo plazo. Para evitar que los clientes solo se concentren en el precio y cambien de marcas con frecuencia, de acuerdo con las promociones realizadas, la empresa debe mantener este tipo de acciones dentro de límites acotados. Asimismo, no debe abandonarse el foco en acciones de diferenciación. Las promociones no reemplazan la estrategia de posicionamiento de la empresa, que debe tener una continuidad en el tiempo y basarse en valores más sustentables, como la calidad de los productos o servicios, el nivel de atención, el prestigio de su marca, o la sensación de confianza que transmite su experiencia en el mercado, por mencionar algunos ejemplos.

– **Estimar el riesgo de generar una guerra de precios.** La mayor parte de las promociones resultan fácilmente imitables para los competidores. Si el anuncio de una promoción provoca como respuesta una reducción de precios por parte de los competidores, existe el riesgo de que se desencadene una guerra de precios. Esta situación podría deprimir los márgenes de rentabilidad de todos los participantes del mercado. Por lo tanto, si se evalúa que existe un gran riesgo de guerra de precios, la empresa debería optar por promociones menos agresivas, donde la reducción de precios no se encuentre en primer plano. Esto significa acciones promocionales que no alteren en forma directa los precios, sino que impliquen algún beneficio adicional en especie para los clientes. Por ejemplo, si se contrata una semana de alojamiento en el hotel, el estacionamiento es gratis; o con una cena para dos o más personas, el restaurante invita sin cargo un café para los comensales.

– **Medir el resultado económico obtenido.** Una promoción exitosa no es simplemente la que genera mayores ventas. El resultado económico neto de la promoción debe ser positivo[5]. Esto significa que solo será conveniente si lo que aportan las ventas adicionales es suficiente para compensar la reducción del precio (directa o indirecta) que se ofreció, incluidos los gastos de implementación de la promoción (por

---

5. Ver un modelo de análisis sugerido en "Anexo: ¿Cuánto más tengo que vender? Un marco analítico simplificado", página 44.

ejemplo, publicidad, merchandising, etc.). Esta medición deberá realizarse en dos momentos diferentes. En primer lugar, antes de realizar la promoción, para conocer el incremento de ventas necesario para compensar los costos de la promoción y determinar si se trata de un objetivo factible. Y, en segundo término, luego de realizada la promoción, con el fin de saber si se cumplieron los objetivos establecidos.

Siguiendo estas sencillas pautas básicas, las empresas tendrán mayores probabilidades de desarrollar con éxito sus tácticas promocionales. Además, se reducirán las anécdotas de clientes defraudados por el uso indiscriminado de la palabra promoción, y crecerá el consenso interno en las empresas para implementar este tipo de acciones.

Pautas fundamentales para no arrepentirse de un ajuste de precios

Muchas veces, el impulso triunfa sobre la racionalidad al momento de tomar decisiones de precios. Sin embargo, nunca debería faltar un análisis ordenado para evaluar la conveniencia de una acción de precios. A continuación, brindamos una lista de los principales factores a considerar.

Las ventas de la librería de Juan evidenciaban una franca caída en los últimos meses. La cantidad de fotocopias, uno de los principales termómetros de la actividad, se había reducido significativamente. Ante la desesperación de no poder llegar a los objetivos de facturación planeados, la primera idea que se cruzó por la cabeza de Juan fue reducir el precio de las fotocopias. Así esperaba estimular la demanda y ganar algunos clientes de otras librerías de la zona. Ahora bien, ¿qué debería tener en cuenta Juan antes de implementar la reducción de precios?

A menudo nos enfrentamos con la tentación de utilizar el precio como herramienta competitiva; es decir, con el objetivo de desplazar a nuestros competidores. El atractivo de esta idea consiste en que una reducción de precios es una de las formas más rápidas de alcanzar un crecimiento en las ventas (si el mercado es sensible al precio), y no requiere de inversión alguna en el corto plazo. Sin embargo, tendremos que estar preparados para afrontar las consecuencias posteriores.

Aquí siguen algunas pautas fundamentales para analizar anticipadamente la conveniencia de una reducción de precios.

• Contexto del mercado

La desesperación por mantener el nivel de ventas en contextos de crisis lleva muchas veces a tomar decisiones apresuradas en materia de precios. Para evitarlo, el primer paso es determinar el origen de la caída de la demanda: ¿se debe a la situación económica general, o es el resultado de la política comercial de algún competidor? Cuando la causa principal es la situación económica general, el camino más recomendable para la empresa es ajustar a la nueva realidad sus expectativas y pronósticos de ventas. Aun cuando se ofrezcan promociones generalizadas y descuentos adicionales a los clientes, la debilidad de la demanda no permitirá un incremento de ventas suficiente para compensar la merma en los márgenes de rentabilidad. En el caso de Juan, si la caída en las ventas refleja una situación generalizada del mercado, es decir, que afecta tanto a su librería como a sus competidores, una reducción de precios simplemente agudizaría el problema. Si, en cambio, la caída en las ventas solo afecta a Juan, ya que se debe a la acción de algún competidor, entonces sí resulta conveniente continuar evaluando las restantes pautas para definir si es apropiado establecer una reducción de precios.

• Impacto en la percepción de calidad

Principalmente en productos y servicios diferenciados, el precio actúa como un indicador de calidad para los clientes. Un precio bajo podría asociarse a un producto o servicio de calidad inferior, con las consecuencias negativas que esto representa. Asimismo, los clientes podrían sospechar que el anuncio de un menor precio se origina en una reducción de la calidad de lo ofrecido. Por lo tanto, deberá evaluarse cuidadosamente el efecto de la reducción de precios en la percepción de valor por parte de los clientes de la empresa. En este caso, Juan debería estimar si existe el riesgo de que los clientes interpreten los menores precios como una señal de reducción de calidad o incremento del tiempo de espera en la realización de las fotocopias.

• Reacción de los competidores

En caso que los competidores imiten la reducción de precios, la consecuencia probable será que todas las empresas del mercado mantendrán el mismo volumen de ventas que antes del movimiento de precios, solo que ahora con un margen más bajo. Por lo tanto, no deben dejarse de considerar las posibles reacciones de los competidores y sus consecuencias sobre los resultados. Si luego de que Juan implemente una reducción de precios en las fotocopias, sus competidores imitaran la acción, entonces sería muy probable que no hubiese alteración en las cantidades vendidas, aunque los márgenes sí se reducirían. Si Juan estima que los competidores no responderán a la acción de precios, entonces deberá continuar analizando las restantes pautas antes de tomar una decisión final.

• Incremento de ventas necesario

Es necesario analizar si el aumento de ventas que se estima conseguir a partir del menor precio es suficiente para compensar los menores márgenes. A modo de ejemplo: si la contribución marginal[6] inicial del producto era del 30%, y realizamos una reducción de precios del 10%, las cantidades vendidas deberán crecer al menos un 50% para obtener la misma contribución marginal (en términos monetarios, no en porcentajes) que antes de la reducción del precio (Figura 3). En este caso, Juan deberá analizar numéricamente cuál es la cantidad adicional de fotocopias que necesitará vender luego de anunciar los menores precios, para que al menos compense el impacto negativo del menor margen por unidad. Conocida esa cantidad adicional, deberá estimarse de manera realista si se trata de un objetivo alcanzable.

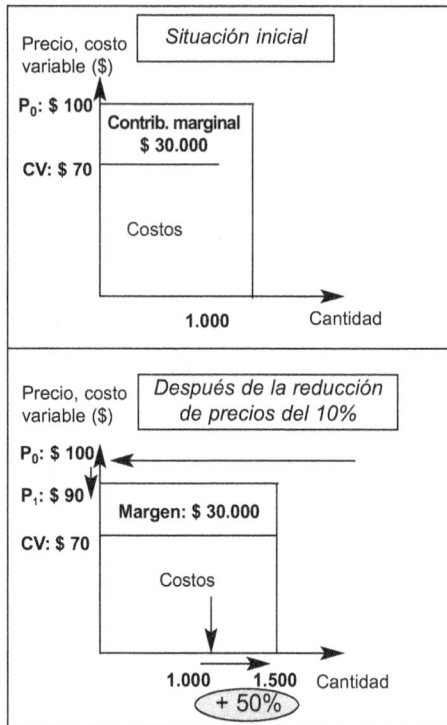

Fuente: elaboración propia.

Figura 3. Incremento de ventas necesario.

---

6. Contribución marginal (%) = [(precio – costo variable unitario)/precio] x 100.

Anexo

¿Cuánto más tengo que vender?
Un marco analítico simplificado

Quienes se sientan cómodos con la utilización de algunas fórmulas sencillas, podrán incorporar en este anexo una herramienta analítica para evaluar el punto de equilibrio de un ajuste de precios.

Resulta útil desarrollar un marco analítico que permita evaluar objetivamente la relación entre las variaciones de precio y los cambios requeridos en el volumen de ventas, para mantener constantes los resultados económicos de la empresa. Este análisis permitirá responder a preguntas tales como cuánto más hay que vender luego de una reducción de precios, o hasta cuánto puede dejar de venderse después de un incremento de precios.

El rol de los costos

La información relevante acerca de los costos para fijar el precio no es su nivel absoluto, sino cómo estos varían ante un cambio en las ventas. Los costos asociados con el cambio en las ventas se denominan incrementales. Aquellos que no varían con el volumen de ventas, lo que por lo general ocurre con los costos fijos, no tienen efecto alguno en la variación de la rentabilidad asociada a un aumento o reducción del precio. Esto no significa que los costos fijos no sean importantes para la empresa, dado que son fundamentales para determinar la base de su rentabilidad. Sin embargo, no afectan la variación de la rentabilidad asociada con un aumento o reducción del precio y, por lo tanto, no deben ser tenidos en cuenta en este tipo de análisis.

Considerando lo anterior, el primer paso será calcular la **contribución marginal del producto o servicio analizado**, restando del precio de venta todos aquellos costos incrementales por unidad (generalmente, costos variables). Este resultado se expresará como un porcentaje, al dividirlo por el precio de venta y multiplicarlo por cien.

Efecto volumen contra efecto precio

El impacto de una modificación en el precio puede dividirse en dos partes:

- **Efecto precio:** consiste en la contribución a los resultados obtenida por la variación en el precio por unidad vendida.
- **Efecto volumen:** consiste en la contribución a los resultados obtenida por la variación en la cantidad de unidades vendidas.

La suma de ambos efectos, que por lo general actúan de manera opuesta, determinará el impacto en los resultados de una modificación de precios.

En el caso de una **reducción de precios**, para que ella sea conveniente, el incremento en las unidades vendidas (efecto volumen) debe compensar el menor precio por unidad que se cobra por todas las unidades (efecto precio).

En cambio, en el caso de un **aumento de precios**, para que sea conveniente, el mayor precio por unidad que se cobra por todas las unidades (efecto precio) debe compensar la reducción en las unidades vendidas (efecto volumen).

Análisis del punto de equilibrio

Para contribuir al análisis de las decisiones de precios, se ha desarrollado una sencilla técnica que es una variante del análisis del punto de equilibrio tradicional. Esta herramienta se denomina **Modificación de Ventas de Equilibrio (MVE)**. La MVE permite calcular la variación requerida en el volumen de ventas, ante una modificación en el precio, para dejar equilibrado el resultado de la empresa. Indica la variación (en porcentaje) en unidades vendidas necesaria para que el "efecto volumen" compense el "efecto precio". Es decir que la situación en cuanto a contribución marginal (en términos monetarios, no en porcentajes) será equivalente a la situación antes de realizar la modificación de precios. La fórmula permite responder a dos interrogantes fundamentales:

- ¿Cuánto tendría que aumentar el volumen de ventas ante una reducción en el precio para mantener el resultado?
- ¿Hasta cuánto podría declinar el volumen de ventas ante un incremento en el precio para mantener el resultado?

Fórmulas de análisis

$$MVE(\%) = \frac{-\Delta P(\%)}{CMg_0(\%) + \Delta P(\%)} \times 100$$

Donde:
$\Delta P(\%)$ = modificación porcentual en el precio
$CMg_0(\%)$ = contribución marginal porcentual antes de la modificación en el precio

Una fórmula asociada es la de **elasticidad precio de la demanda**, que indica la variación en la cantidad demandada resultante de cada 1% de variación en el precio de venta, siempre que se mantengan constantes los otros factores. Es una medida de la sensibilidad de los clientes al precio de venta.

$$E = \left| \frac{\Delta Q(\%)}{\Delta P(\%)} \right|$$

La MVE permite calcular la elasticidad precio de la demanda requerida para mantener constante el resultado de la empresa, luego de una modificación de precios. Este cálculo se realiza tomando el valor absoluto del cociente entre la MVE y la variación en el precio analizada.

$$E = \left| \frac{MVE(\%)}{\Delta P(\%)} \right|$$

Alcance

Es conveniente tener presente que la MVE es solamente un análisis de punto de partida que permitirá definir la "línea de corte" para que un ajuste de precios tenga un impacto positivo en los resultados de la empresa. Además, deberán incorporarse al análisis la reacción proyectada de los competidores, clientes y canal de ventas ante la modificación de precios realizada.

Ejemplo de aplicación

Para ilustrar la utilización de estas fórmulas, puede considerarse como ejemplo la variación en la cantidad vendida necesaria para justificar un cambio en el precio del 10%, en el caso de un producto de contribución marginal alta ("A"), y en el caso de un producto de contribución marginal baja ("B").

Productos	Contribución marginal (CMg)
"A"	70%
"B"	15%

Puede observarse que el producto "A", con su mayor contribución marginal inicial (70%), necesita solo un 16,7% de incremento en la cantidad vendida para compensar una reducción de precios del 10%. En este caso, la elasticidad precio de la demanda que mínimamente se requiere es de 1,67, lo que representa que por cada 1% de reducción en el precio deben incrementarse en al menos 1,67% las cantidades vendidas.

Producto "A"

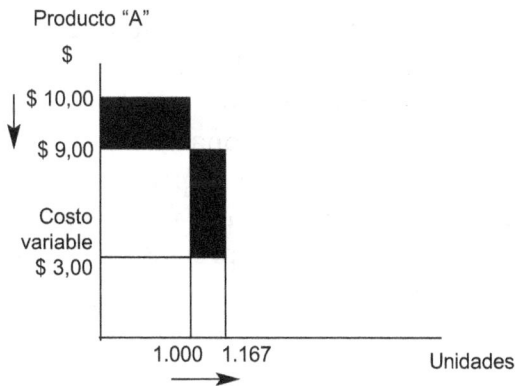

En el caso del producto "B", por su contribución marginal inicial menor (15%), es necesario triplicar las ventas actuales (aumento del 200%) para justificar la variación en el precio. Esto representa una elasticidad requerida de 20; es decir, una sensibilidad de la demanda al precio muchísimo mayor. Si la empresa anticipa que los incrementos en las ventas serán inferiores a los mencionados, no debería reducirse el precio, incluso aunque eso signifique capacidad de producción ociosa.

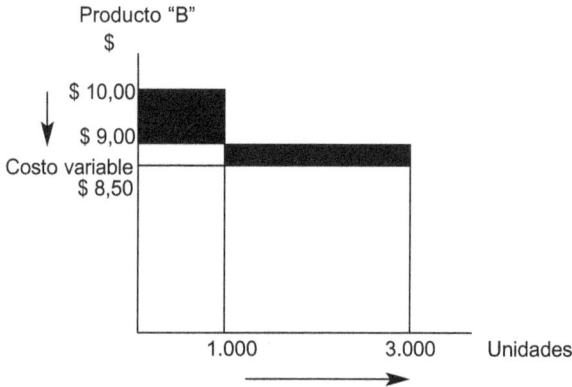

Siguiendo la misma lógica, para el caso de un incremento del 10% en el precio, el producto "A" puede perder hasta un 12,5% de su volumen de ventas, y aun así mantener el resultado. Esto representa que se requiere como máximo una elasticidad precio de la demanda de 1,25. Una elasticidad precio mayor representaría una caída superior del volumen de ventas, y ocasionaría un impacto negativo en el resultado. Por otra parte, el producto "B" puede perder hasta un 40% de su volumen de ventas, antes de que el efecto neto de un aumento de precios del 10% resulte en una contracción en el resultado.

Cobrar según la cara

La arbitrariedad y subjetividad de algunas tácticas de precios pueden causar un profundo malestar en los clientes. Veamos la manera más conveniente de implementar una segmentación de precios.

Situación 1. Un cliente entra a la librería, Juan lo mira detenidamente. Ropa de marca, impecable bronceado y teléfono celular de última generación. Saca dos fotocopias. El precio: $ 0,30 cada una. Unos minutos después, entra un joven con aspecto desaliñado, de la pensión estudiantil del barrio, con ojeras de una noche en vela de estudio. Saca dos fotocopias. El precio: $ 0,15 cada una. Juan ha puesto en práctica la estrategia de precios "CSC", más conocida como "cobrar según la cara". Transcurre el tiempo, y la alegría inicial de Juan por "exprimir" al máximo a cada cliente se transforma en un negativo comentario generalizado. Ahora los clientes desconfían de los precios de la librería por su arbitrariedad y falta de transparencia, y poco a poco dejan de visitar el local. Ganancias a corto plazo, y dolores de cabeza a largo plazo.

Situación 2. Juan pega un gran cartel en su librería donde anuncia descuentos a estudiantes. Para acceder a los descuentos especiales, los estudiantes deben exhibir algún comprobante de estudio y dejar los trabajos (más de 10 copias) para ser entregados el día siguiente. Pero, ¿por qué no hacer las copias en el mismo día si existe capacidad disponible? Ocurre que Juan tiene que establecer barreras para asegurarse que solo aplicará los descuentos a quienes son más sensibles al precio; es decir, aquellos que no comprarían a los valores normales. La espera hasta el día siguiente es un esfuerzo adicional que actúa como barrera para aquellos estudiantes que quieran acceder a los precios con descuento. Si un estudiante tiene mucha urgencia por tener su trabajo, puede obtenerlo en el momento, pero pagando los precios normales.

¿Es este otro ejemplo de la estrategia "CSC" (cobrar según la cara)? No, de ninguna manera. Cobrar según la cara es una táctica totalmente subjetiva y arbitraria que por lo general no puede sostenerse en el tiempo, ya que los clientes terminan por advertir su falta de coherencia y transparencia. Quienes han pagado los precios más altos sin una justificación clara, terminan profundamente enojados con la empresa, y probablemente nunca más vuelvan a ser clientes.

En la segunda situación, Juan ha implementado una estrategia de segmentación de precios. Si bien reconoce que no todos sus clientes son iguales, lo que a menudo se refleja en la diferente capacidad de pago, ha diseñado un esquema coherente y transparente que establece las condiciones que deben cumplir quienes quieran acceder a los precios más bajos. Por medio de barreras, como la presentación de un comprobante de estudios o la espera hasta el día siguiente para retirar las copias, Juan intenta filtrar entre todos sus clientes a aquellos que considera más sensibles al precio.

La segmentación de precios, debidamente implementada, significa una gran oportunidad para aprovechar las diferentes valoraciones por parte de distintos grupos de clientes.

Gratis, la palabra mágica

Esta palabra causa tanto efecto en los clientes que supera cualquier análisis puramente racional. Utilizada de manera adecuada, puede representar una gran oportunidad para las empresas que buscan acciones de alto impacto en la demanda.

Cansado de limpiar las telarañas de una pila de carpetas para niños que había tenido un pobre resultado de ventas en los últimos tiempos, Juan decidió intentar con una promoción. Había obtenido un resultado aceptable el año anterior al ofrecer un 50% de descuento por tiempo limitado para esa misma línea de carpetas, pero ni así había conseguido agotar el stock. Ahora quería probar algo más agresivo, aunque sin resignar un mayor margen de ganancia. Entonces intentó con un nuevo anuncio: "Llevando una carpeta, la segunda es gratis". El descuento final era exactamente el mismo que en la promoción del año anterior.

Sin embargo, para sorpresa de Juan, ahora las ventas de las carpetas se dispararon y en dos días agotó el stock. ¿Qué es lo que había generado una reacción tan contundente?

Así como la palabra mágica para un mago es "abracadabra", en el caso de un comerciante el equivalente es "gratis". No existe término que contenga una carga emocional tan intensa. De hecho, se trata de una palabra tan desestabilizadora que desafía al propio pensamiento racional. ¿Por qué ocurre esto? Algunos de los referentes en el campo de la "economía del comportamiento", como el profesor Dan Ariely[7], del MIT (Massachusetts Institute of Technology), sostienen que lejos de realizar un análisis estrictamente racional, como medir costos y beneficios, muchas veces los consumidores le otorgan una desmedida importancia a lo que reciben en forma gratuita. Ariely realizó numerosos experimentos para analizar la conducta de personas en situaciones de compra, y la presencia de lo gratuito siempre disparó la elección de los clientes, aun cuando en términos económicos no representaba ventaja alguna, tal como fue el caso de las carpetas de Juan. Asimismo, infinidad de veces las personas realizan largas filas para conseguir material promocional sin cargo o muestras gratuitas de productos que muchas veces ni siquiera utilizarán. Lo gratuito tiene sin dudas una atracción muy peculiar que excede el cálculo netamente racional.

¿Es capaz de resistirse a la tentación de lo gratuito? Veámoslo mediante un sencillo ejercicio. Suponga que le toca elegir entre dos cupones de descuento para utilizar en su próxima compra en el supermercado donde habitualmente concurre. El primero es totalmente gratis, y equivale a US$ 50. El segundo tiene un costo de US$ 15, y equivale a US$ 75. ¿Con cuál se queda? Piénselo bien...

---

7. Ariely, Dan: *Predictably Irrational.* Harper Collins, New York, 2008.

Descuentos para desempleados

El crecimiento del desempleo, que afecta a muchos países, ha hecho surgir un nuevo segmento de mercado con características particulares. Las empresas tienen una gran oportunidad de atenderlo mediante estrategias de precios especiales.

Joan (un pariente catalán de nuestro amigo Juan) espera ansioso que suene el teléfono en su casa de Barcelona. Recientemente ha quedado sin empleo, y se ha sumado al creciente ejército de buscadores de trabajo. Las llamadas de las empresas se hacen esperar. Ante la incuestionable realidad de que solo una variable no deja de crecer en todo el mundo, el desempleo, algunas empresas han encontrado una oportunidad detrás de este oscuro panorama.

A comienzos de 2009, la empresa Telefónica anunció en España una promoción que consistía en un descuento hasta fin de año de 50% en las comunicaciones telefónicas para todos los desempleados. La promoción fue pensada considerando que el servicio telefónico, fijo o móvil, es una herramienta de gran ayuda para la reinserción de un desempleado en el mercado laboral.

Sobre esa base, la empresa encontró una interesante manera de segmentar precios en el mercado. Tal vez hubiera sido más fácil anunciar un descuento para todos los clientes, dada la situación económica general. Sin embargo, el efecto en los resultados hubiera sido tan grande que habría sido imposible compensarlo mediante mayores volúmenes de venta. Lo más interesante de esta situación fue la forma en que se trató de detectar cuál era en ese momento el segmento del mercado que estaba más alerta a los precios. Sin dudas, los desempleados son quienes tienen la mayor sensibilidad al precio, ya que sus ingresos son nulos o, en el mejor de los casos, solo reciben provisoriamente un seguro de desempleo. La idea de la campaña, denominada

"Te ayudamos", fue reforzar los lazos emocionales con sus clientes y evitar fugas a otras compañías más baratas en un momento en que las razones económicas tenían un gran peso en las decisiones de compra.

Para acceder al descuento para desempleados, la persona debía descargar un formulario desde Internet y completar una solicitud. Además, la empresa Telefónica se encargaba de confirmar la situación de desempleo ante un organismo público antes de otorgar el beneficio. Todo esto formaba parte de las barreras para impedir que el descuento llegara a personas incorrectas, con el consecuente efecto económico negativo para la empresa.

Con un razonamiento similar, también en España, la cadena de Hoteles Magic Costa Blanca lanzó una llamativa promoción para el verano boreal de 2009. Se ofrecía un descuento del 20% para desempleados, que llegaba a un 35% si los dos miembros de la pareja estaban sin empleo. Un ejemplo más de segmentación de precios inspirado en la situación económica de crisis.

Alguien dijo que en las crisis, mientras algunos lloran, otros venden pañuelos.

Descuentos por mensaje de texto

El uso de la tecnología puede dar lugar a novedosas estrategias de segmentación de precios. Los cupones de compra presentan ahora nuevas versiones que pueden enviarse por medio de mensajes de texto o descargarse desde Internet.

¿Cómo identificar a aquellos clientes más sensibles al precio? Preguntar abiertamente cuánto estaría dispuesto a pagar cada uno, no parece una buena idea, ya que raramente obtendríamos una respuesta honesta. Entonces, las empresas deben recurrir a métodos indirectos para identificar a los clientes "buscadores de precio". Se intenta localizarlos para concentrar en ellos la aplicación de los descuentos, de manera que solo alcance a aquellos que de otro modo no serían clientes de la empresa.

Los cupones de compra han sido una de las herramientas de mayor utilidad para implementar este tipo de estrategias de segmentación de precios. Estados Unidos es la cuna de este formato, y allí se utilizan anualmente más de 3.500 millones de cupones.

Un hecho que a menudo llama la atención es que no necesariamente son las personas de menores ingresos quienes más utilizan los cupones, sino que los "buscadores de precio" pueden pertenecer a cualquier estrato social.

Además de la focalización en la aplicación de descuentos, otra de las ventajas para las empresas que utilizan cupones es que permiten medir con bastante precisión el impacto de una promoción, ya que se conoce la cantidad de cupones utilizados. Esta ventaja ha sido potenciada por el uso de tecnología, que permite una medición aún más precisa de los resultados. Las nuevas versiones de cupones electrónicos contienen información acerca del cliente y puede realizarse un seguimiento de la conducta de compra de esa persona. Se trata de una herramienta de marketing interactivo que algunas empresas están implementando para llegar a sus clientes, especialmente a los jóvenes, con promociones cada vez más originales. Starbucks comenzó a utilizar este tipo de cupones en una experiencia piloto en México en 2009.

Los cupones electrónicos contienen una imagen con un código de barras, conocido como código bidi o bidimensional, que es enviada a través de mensaje de texto al teléfono celular de los clientes. Las empresas pueden enviarlos directamente a su base de datos de clientes, o bien solicitar que cualquier interesado envíe un mensaje a un número abreviado para recibir el cupón electrónico.

El nuevo sistema de cupones electrónicos supone un gran avance también para los usuarios, ya que no es necesario guardar un diminuto papel, que con frecuencia se pierde o se arruina. En este caso, el cupón queda almacenado en el celular del cliente, e incluso puede utilizarse más de una vez, según lo defina la empresa para cada promoción. Cuando la persona se acerca al local de ventas, muestra el mensaje de su celular, y con un escáner especial se leen los datos del cupón y se aplica el descuento correspondiente.

Asimismo, hay cupones que pueden imprimirse o descargarse de Internet. En sus versiones más sofisticadas, incluyen códigos de barra que indican datos acerca del usuario, tales como la dirección IP de Internet, su localización aproximada o las palabras clave que utilizó en el buscador para llegar a ese cupón, entre otras cosas.

Gradualmente, la tecnología va sustituyendo los cupones de compra de papel por nuevos formatos para celulares e Internet. El uso de estas nuevas funcionalidades permitirá una personalización antes impensada de los precios de los productos.

El auto más barato del mundo

En un cambio total de paradigmas sobre la concepción de los productos, algunas empresas llegan a cobrar precios increíblemente bajos. India sorprende con el lanzamiento de un auto a un precio impensado: US$ 2.500.

Juan no podía creer el anuncio. En la India estaban a punto de lanzar el auto más barato del mundo, el Tata Nano, a un sorprendente precio de US$ 2.500. Casi la tercera parte del precio del modelo más barato disponible en la Argentina, con la salvedad que la comparación se encuentra algo distorsionada por la carga impositiva local.

Juan incluso llegó a bromear con sus amigos acerca de si el precio incluía las ruedas. ¿Cómo era posible vender a un precio tan bajo? ¿Alguien había encontrado una fórmula secreta?

Ratan Tata, el visionario líder de la empresa Tata, tenía desde hacía años el sueño de proveer de un medio de transporte económico a las enormes masas de población de la India que a diario sufren grandes problemas para trasladarse. Un panorama similar al contado por la película ganadora del Oscar en 2009, *Slumdog Millionaire*, que tiene como escenario una urbe empobrecida de la India.

El caótico tránsito indio se caracteriza por estar dominado por gran cantidad de pequeñas motocicletas, con familias enteras a bordo, lo que representa un alto riesgo para la seguridad de sus ocupantes (similitudes con la realidad de muchos países latinoamericanos son pura coincidencia). La idea de Ratan Tata era permitir que las familias contaran con un medio de transporte propio, a un bajo precio, en el que pudieran viajar de manera segura cuatro ocupantes. A partir de esta visión, lanzó en 2003 un gran desafío a su equipo de ingeniería. El ambicioso objetivo era desarrollar un vehículo, ni siquiera se planteó inicialmente que debía tratarse de un auto, cuyo precio de venta no superara las 100.000 rupias (aproximadamente US$ 2.500).

Poco acostumbrados a contar de manera tan temprana con una restricción tan importante, como el precio de venta, el equipo de ingeniería comenzó con el desarrollo. Enfrentados a una gran cantidad de obstáculos, los ingenieros de Tata utilizaron elementos y conceptos disponibles hasta entonces, pero que nunca habían sido aplicados exitosamente para el desarrollo de vehículos económicos. Algunos incluso bautizaron como "ingeniería gandhiana" el enfoque empleado, en referencia a la sencillez y frugalidad del diseño alcanzado.

Precios y valor para el cliente

El gran secreto de Tata para vender a precios bajos y aun así mantener la rentabilidad ha sido basar la fijación de precios en el valor para el cliente, también conocida como *value pricing*. Según este enfoque, la definición del precio es el primer paso de la estrategia de la empresa, lo que marca una gran diferencia con los enfoques tradicionales en los que el precio surge luego de la determinación de todos los costos.

El principal interés de la empresa es conocer cuáles son las características del producto más valoradas por el segmento de clientes objetivo, y qué precio estarían dispuestos a pagar por contar con ellas. En el caso de Tata, el objetivo fueron las familias que necesitaban un medio de transporte propio que fuera económico y seguro. El vehículo debía ser una buena alternativa para quienes en ese momento viajaban en motocicleta, aunque no necesariamente tenía que compartir las características y funcionalidades de los autos tradicionales ofrecidos en el mercado. El precio objetivo de este producto no podía exceder las 100.000 rupias, en su versión básica, para estar al alcance del segmento de clientes objetivo.

En términos generales, el desafío planteado por el enfoque *value pricing* puede plantearse como el diseño de un producto o servicio ajustado a los requerimientos básicos del segmento de clientes objetivo, cuyos costos sean tales que pueda ser vendido rentablemente al precio definido al inicio. Aquí es donde entran en juego toda la creatividad e innovación para que, a través de nuevos paradigmas de diseño, pueda alcanzarse la meta fijada.

Como fuente de rentabilidad adicional, Tata también ha pensado en ofrecer, además de la versión básica a US$ 2.500, otras unidades con equipamiento extra, como aire acondicionado y estéreo, entre otras cosas. Estas ventas con opcionales constituyen una pieza fundamental de la estrategia, ya que incluso podrían llegar a ser las impulsoras de la mayor parte de la rentabilidad del proyecto Nano. La versión básica, ampliamente difundida en los medios, está pensada como el gran atractivo para generar expectativa, consultas y tránsito de clientes en las concesionarias. Sin embargo, luego, los esfuerzos comerciales se orientarán a vender tantos equipamientos extra como sea posible, con sustanciales márgenes adicionales en relación con la versión básica. Esta estrategia no difiere demasiado de la tradicionalmente aplicada por la industria automotriz, aunque en este caso el punto de partida sea un precio mucho más bajo.

La comunicación

El Tata Nano ha sido también un caso emblemático de comunicación exitosa. La repercusión mediática del lanzamiento del "auto más barato del mundo" ha alcanzado escala mundial con una baja inversión de recursos. Aunque el anuncio oficial del lanzamiento ocurrió en el Salón del Automóvil de Nueva Delhi en enero de 2008, el inicio de ventas en la India se produjo en marzo de 2009. Todo el mundo esperaba con gran expectativa un vehículo que llegaba con la promesa de reeditar el éxito que tuvieran los "autos populares" internacionales, como el Ford T estadounidense, el vw Escarabajo alemán, o el Mini inglés. El sitio web del Tata Nano registró más de 30 millones de visitas de usuarios, como reflejo de la gran ansiedad por conocer más detalles del nuevo producto. Además, en la India, este desarrollo es considerado una especie de "orgullo nacional", una muestra del avance de este enorme país en la economía global.

Negocios en la base de la pirámide

El crecimiento de los países emergentes ha generado una gran cantidad de oportunidades de negocio en la "base de la pirámide"; es decir, en los amplios sectores de menor poder adquisitivo. Algunas empresas han comprendido esta tendencia, y con innovadoras estrategias han encontrado la manera de satisfacer esta creciente demanda de una manera rentable. Tradicionalmente se asocia el término innovación a la utilización de la última tecnología y a grandes presupuestos en investigación y desarrollo. Sin embargo, casos como el del Tata Nano demuestran que muchas veces innovar significa aplicar conocimientos y recursos existentes pero de una manera totalmente distinta, sin dejar de tener siempre presente las necesidades de los consumidores y su disposición a pagar.

El café más caro del mundo

Vender a precios inaccesibles, la receta de las empresas que recurren a los "productos imagen".

¿Pagaría US$ 100 por una taza de café? Por supuesto que no se trata de cualquier café. Es el kopi luwak, o "café de civeta", originario de Indonesia, el café más exótico del mundo, cuya producción anual no supera los 500 kg.

El grano de este café es procesado de forma "orgánica" por el aparato digestivo de una especie de comadreja, llamada civeta, que vive en forma salvaje en Indonesia. Este animal se alimenta de granos de café, pero al no poder digerirlos completamente, los defeca en el campo, de donde son recogidos cuidadosamente. Los jugos gástricos de la civeta son los encargados de fermentar el grano, lo cual, increíblemente, da un gusto muy especial al café.

¿Por qué vender algo tan caro y con un mercado potencial tan reducido? Algunos exclusivos bares y restaurantes, especialmente en Estados Unidos y Japón, lo han incorporado a sus menúes a pesar de su limitadísima proyección de ventas.

Ocurre que ofrecer algo tan exclusivo eleva la percepción de calidad del lugar, lo que tiene un efecto positivo en el resto de las ventas. El origen de este tipo de comportamientos está relacionado con la psicología de los consumidores. En marketing, este fenómeno ha sido bautizado como "efecto halo", en referencia al amplio impacto sobre una empresa o marca que tiene la percepción positiva generada por los atributos de un cierto producto.

Este tipo de "productos imagen" son frecuentemente utilizados por las empresas para impulsar las ventas de los productos tradicionales, que de hecho representan la mayor parte de la facturación y de los resultados.

De la misma manera, General Motors vende en Argentina el modelo Chevrolet Corvette, con un precio cercano a los US$ 140.000. La aspiración de la empresa no es generar un gran volumen de ventas, de hecho se venden solo unos pocos y seguramente a pérdida, si consideramos la inversión en publicidad que se realiza en este modelo en particular. Sin embargo, el objetivo no es que el Corvette se transforme en un buen negocio en sí mismo, sino que, al actuar como insignia de la marca, impulse la venta del resto de la gama de vehículos. Sorprendentemente, establecer un precio "casi inalcanzable" para algunos productos, que por lo general tienen una mística muy especial, puede afectar positivamente la venta de los restantes productos de la empresa.

El efecto dos por uno

El formato de las acciones promocionales puede tener un gran impacto en la obtención de resultados. La clave es considerar de qué manera percibirán los clientes cada una de las propuestas.

"¿Qué oferta tendrá mayor impacto en mis ventas?", era la pregunta que se realizaba Juan, ante la necesidad de definir el formato de una nueva promoción de lápices para su local de artículos de librería. El tema no era menor, se trataba de uno de los productos más representativos de su negocio. El stock de lápices, algo sobredimensionado por esos días, tenía poca rotación desde el comienzo de la crisis. Era el momento oportuno para realizar una promoción y reacomodar el nivel de existencias de este producto. Las opciones que consideraba eran dos: anunciar un descuento del 25% sobre el precio vigente, o lanzar una oferta del tipo "pague tres, lleve cuatro". En ambos casos el impacto sobre el precio unitario era el mismo, pero ¿reaccionarían los clientes de igual manera?

Diversas investigaciones realizadas[8,9], basadas en casos reales y experimentos controlados, indican que las cantidades sugeridas, como por ejemplo "Pague tres, lleve cuatro" o "10 unidades por $ 5", tienen un gran impacto positivo en los resultados de las promociones. Aunque desde lo estrictamente racional no existan diferencias de precio en comparación con un descuento directo de igual proporción, cambia sustancialmente la percepción de los clientes y su conducta de compra posterior. Las promociones que sugieren cantidades estimulan a los clientes a pensar que están ante la oportunidad de consumir una cantidad mayor o almacenar para el futuro. Aun en los casos en que se sugiere una cantidad, pero el precio es el mismo que si realizara la compra por unidades, la sola sugerencia genera un estímulo positivo sobre las cantidades finalmente compradas por los clientes.

Además, el tipo de promociones que sugiere cantidades es más eficiente porque permite segmentar el mercado al

---

8. Wansink, Brian; Kent, Robert y Hoch, Stephen: "An Anchoring and Adjustment Model of Purchase Quantity Decisions", en: *Journal of Marketing Research*, February 1998.
9. Manning, Kenneth y Sprott, David: "Multiple Unit Price Promotions and their Effects on Quantity Purchase Intentions", en: *Journal of Retailing*, 2007.

establecer un obstáculo para acceder al precio promocional. Es decir que solo se beneficiarán con el precio especial los clientes que compren la cantidad mínima establecida. Quienes realicen la compra de una unidad solamente, continuarán pagando el precio normal. Por supuesto, este tipo de promociones solo será aplicable a productos de consumo frecuente, o a los que pueden ser almacenados para consumirlos en el futuro.

Lejos de ser totalmente racionales, tal como se suponía en los antiguos textos de economía, los clientes reaccionan de una manera que refleja la subjetividad de sus percepciones, lo que representa un desafío adicional para las empresas. Por eso, la estrategia de precios debe contemplar estas particularidades para llevar al máximo la eficacia en los resultados.

El recurso "damas gratis"

La segmentación de precios puede adoptar los formatos más diversos. Una de las alternativas es cobrar precios diferentes según el sexo del cliente. Veamos algunos interesantes ejemplos de decisiones de precios basadas en el género.

De visita por Buenos Aires, Juan caminaba por la deslumbrante zona de Puerto Madero. Modernos rascacielos y construcciones portuarias prolijamente recicladas se combinaban en el distrito de negocios más exclusivo de la Argentina. Puerto Madero siempre se caracterizó por su exclusiva oferta gastronómica, principalmente destinada a turistas extranjeros y ejecutivos de las oficinas de la zona. Sin embargo, recesión mediante, hasta algunos de los más refinados restaurantes exhibían promociones para sus clientes. Algunas de ellas sorprendían por sus características: "Descuentos para mujeres", decía un gran cartel. Luego detallaba: "Comen 4 y pagan 2", para grupos integrados exclusivamente por mujeres; la oferta excluía las bebidas. En el mismo sentido, otros restaurantes habían implementado el *girl's night*, que ofrecía, un día a la semana, un descuento adicional a todas las mesas integradas completamente por mujeres. Esto último apostaba especialmente a las reservas de grupos.

¿Cuál es el fundamento de esta política de precios segmentados por sexo? Una posible explicación podría ser que los dueños de los restaurantes percibían que cuando las mujeres concurren en grupo tienden a ser más sensibles al precio. Esto significa que están más alertas a las promociones vigentes, y se muestran más dispuestas a aprovecharlas que los hombres. En tal caso, ¿para qué generalizar el descuento, si los hombres no lo valoran de igual manera?

Otra razón complementaria, quizás algo más remota, podría ser seguir la lógica aplicada también por algunos locales bailables: al permitir la entrada gratuita de las mujeres u otorgarles algún otro tipo de beneficio adicional (por ejemplo, bebidas gratis), se logra indirectamente atraer mayor concurrencia masculina. La presencia femenina en este caso actúa como un señuelo para atraer a los hombres, que aparentemente se preocupan menos por los precios.

En definitiva, se trata de un claro ejemplo de discriminación de precios. Aunque la palabra discriminación, en sentido económico, solo se refiera a la práctica comercial de vender unidades similares de un bien o servicio a diferentes precios. Sin embargo, el impacto de la discriminación de precios ha traspasado las fronteras de la economía. Tanto es así que en algunos países se ha prohibido expresamente la práctica de cobrar precios diferentes según el sexo de los clientes, por considerarla socialmente discriminatoria. De hecho, algunas peluquerías que tenían precios diferentes para la clientela masculina y femenina se han visto obligadas a detallar los precios según el largo del cabello, y no el sexo del cliente.

Quién diría que quizás hasta las organizaciones que luchan en contra de la discriminación social podrían tener algo que decir sobre la política de precios de las empresas.

¿Es posible vender a precios bajos y mantener la rentabilidad?

Vender a precios bajos no necesariamente es un sinónimo de tener una baja rentabilidad. Veamos como ejemplo un caso práctico de definición de precios en función de los atributos realmente valorados por los clientes.

Juan quedó deslumbrado al ver una reluciente camioneta todoterreno de origen japonés en una coqueta concesionaria del centro de la ciudad. Corrían los años '90, y la Argentina, apertura comercial y Plan de Convertibilidad mediante, se transformaba en destino de vehículos de última generación que contrastaban con los vetustos Ford Falcon, Renault 12 o Peugeot 504, que habían dominado las calles durante más de veinte años. Sin embargo, el presupuesto de Juan estaba aún lejos del precio de la lujosa camioneta todoterreno. Sin dudas era un objeto de deseo, aunque fuera del alcance de la mayor parte de los argentinos, que al momento de comprar un vehículo 0 km debían conformarse con un automóvil estándar.

Esta aparente frustración de gran cantidad de "Juanes" fue detectada por una empresa automotriz que decidió transformar esta situación en una oportunidad. Existía un amplio segmento del mercado que admiraba los vehículos todoterreno, pero al momento de comprar finalmente optaba por un automóvil estándar, por encontrarse los primeros en un nivel de precios inaccesible.

Las investigaciones de mercado realizadas arrojaban informaciones realmente sorprendentes acerca de los hábitos y necesidades de los compradores de vehículos todoterreno. Indicaban que el 66% de los usuarios utilizaba la doble tracción solo de manera muy esporádica, mientras que al 14% directamente nunca le interesaba ir más allá del asfalto. Es decir que el 80% de los usuarios prácticamente no utilizaba las prestaciones de doble tracción de este tipo de vehículos. Entonces, la gran incógnita era: ¿qué características realmente valoraban los potenciales clientes de un vehículo todoterreno?, especialmente aquellos que los admiraban, pero que no disponían de suficiente dinero para comprarlos.

Profundizando sobre este interrogante, las investigaciones indicaban que los atributos principalmente valorados en estos vehículos estaban asociados con su aspecto exterior "*off-road*". Esto incluía fundamentalmente las características estéticas tales como carrocería, paragolpes, molduras, neumáticos, llantas y despeje del piso, entre otras. Sin embargo, aspectos tales como la doble tracción, un poderoso motor o los detalles del interior del vehículo no aparecían entre los atributos más valorados; es decir, aquellos por los cuales los clientes estuvieran dispuestos a pagar un precio superior.

El proyecto Amazon

Una vez que contó con esta información, Ford puso en marcha en Brasil el proyecto Amazon, el cual permitió que la empresa lanzara en 2003 el modelo utilitario deportivo Ecosport, fabricado en Brasil para gran parte de América Latina. La llegada del Ecosport generó una verdadera revolución en el mercado. Se trataba de un vehículo con todo el aspecto de un agresivo todoterreno, aunque su versión inicial tenía las prestaciones, la plataforma y, fundamentalmente, el precio de un automóvil de calle promedio. Esta versión inicial, sin dudas la que generó la mayor revolución en el mercado, venía equipada con tracción simple, como casi cualquier auto de calle y su plataforma, sorprendentemente, era la misma que la del pequeño y urbano Ford Fiesta. Esto se debía a que el proyecto Amazon contemplaba una única plataforma base para toda una familia de vehículos, lo cual permitía una reducción significativa en los costos de producción.

El enfoque de Ford fue tan acertado que el modelo Ecosport escaló rápidamente los primeros puestos en ventas en todos los países donde se comercializó. Miles de compradores que jamás se imaginaron ser propietarios de un utilitario deportivo, pudieron acceder al Ford Ecosport gracias a su competitivo precio de venta, casi 25% menos que el utilitario deportivo más económico del mercado hasta entonces. Sin dudas, la versión inicial del Ford Ecosport era técnicamente muy inferior que las sofisticadas camionestas todoterreno provenientes de Japón y Corea; sin embargo se trataba de una correcta interpretación de los atributos realmente valorados, y fundamentalmente por los cuales estaban dispuestos a pagar una gran cantidad de clientes en América Latina.

Los antecedentes

Con un enfoque muy similar al mencionado, el mítico gurú de la industria automotriz estadounidense, Lee Iaccoca, había lanzado el revolucionario Ford Mustang en los años '60. En ese entonces, Iaccoca, conociendo la preferencia de los estadounidenses por los vehículos deportivos, se propuso investigar acerca de qué características de este tipo de vehículos eran las más apreciadas por los potenciales clientes. En función de estos resultados, concibió un modelo con las características deportivas básicas que realmente valoraban los consumidores, eliminando las costosas prestaciones que alejaban este tipo de vehículos del bolsillo del comprador promedio. El resultado fue el excepcional éxito en ventas del Ford Mustang, que se convirtió en el primer automóvil deportivo en alcanzar el éxito masivo en ventas en los Estados Unidos. Los enfoques exitosos parecen no pasar de moda.

La estrategia de precios

En los casos mencionados, la clave para lograr reducir precios sin sacrificar rentabilidad fue definir claramente qué características del producto eran realmente valoradas por los clientes. Siempre teniendo presente que se considera valor para el cliente todo aquello por lo cual está dispuesto a pagar. Este enfoque para fijar precios se denomina *value pricing*, y ha sido una herramienta fundamental para que muchas empresas lograran llegar con los productos y servicios adecuados, a los precios correctos, a los diferentes segmentos del mercado.

A diferencia de los enfoques tradicionales, en estos casos, definir el precio se convierte en el paso inicial de la estrategia de la empresa. Lo primero que interesa conocer es qué precio estaría dispuesto a pagar el cliente para satisfacer una cierta necesidad. Luego, contando con esa información, el desafío será diseñar un producto o servicio tal que pueda ser vendido rentablemente al precio objetivo. Este desafío a menudo rivaliza con los paradigmas tradicionales acerca de cómo "debe ser" un cierto producto o servicio.

El crecimiento de los países emergentes ha provocado que cada vez mayor parte de la población pase de vivir en condiciones apenas de subsistencia a transformarse en sectores de consumo que demandan nuevos bienes y servicios. Algunas empresas han comprendido esta tendencia, y con innovadoras estrategias han encontrado la manera de satisfacer esta creciente demanda de una manera rentable.

Difícilmente los enfoques tradicionales puedan brindar una respuesta a estas nuevas oportunidades. Entonces, la clave es un nuevo enfoque que combine innovación con *value pricing.*

Fiebre de liquidación

Es una de las tácticas de precios más utilizadas en todo el mundo. Los diversos formatos y particularidades para implementar liquidaciones no dejan de sorprender a propios y extraños.

Ni siquiera el recuerdo de los mediocres negocios realizados en el pasado lograba despegar a Juan de las vidrieras de los locales comerciales cada vez que aparecía la palabra "liquidación". Su casa y su guardarropa desbordaban de artículos comprados para aprovechar aquellas irrepetibles oportunidades.

No es fácil escapar al atractivo de la palabra liquidación, aun en períodos recesivos. La posibilidad de aprovechar una oportunidad imperdible representa una gran tentación para muchos clientes.

Según el testimonio de muchos comerciantes, el solo hecho de su aparición en las vidrieras provoca mucho más tránsito hacia sus locales. Así, concurren tanto ávidos cazadores de ofertas, expertos en aprovechar este tipo de situaciones, como ocasionales transeúntes que se ven tentados por comunicaciones de gran atractivo visual.

Es habitual observar estrategias de precios de liquidación en distintos momentos del año y por diferentes razones. Existen liquidaciones por final de temporada, por excedentes de stock, por mudanza o cambio de rubro, por cierre o, simplemente, como un medio para tratar de impulsar las ventas en momentos en que la actividad decae. Los motivos más diversos pueden dar lugar a una liquidación.

Liquidaciones exitosas

Una condición fundamental de la liquidación es que debe ser creíble para los clientes. Nadie aprovechará una liquidación a menos que esté convencido de que se trata de una verdadera oportunidad. Lamentablemente, el hecho de que el cliente esté convencido de que se trata de una oportunidad no implica que realmente lo sea. Todos hemos pasado por amargas experiencias luego de haber adquirido productos en liquidaciones. Sobran anécdotas de ocasiones en que luego de comprar un producto, vemos que exactamente el mismo se ofrece a menor precio en otro lugar, o que después de transcurridos varios meses el precio de liquidación aún sigue en vidriera, o hasta quizás con un descuento todavía mayor. Ni hablar de las veces en que el impulso nos lleva a comprar cosas a las que nunca les daremos el debido uso.

Para que una empresa lleve adelante una liquidación de manera exitosa, con credibilidad por parte de los clientes, deben cumplirse dos cuestiones importantes. En primer lugar, **el precio de liquidación debe ser percibido como un importante descuento** respecto del precio normal del artículo. En segundo lugar, debe comunicarse que **el precio especial tendrá una vigencia limitada**, para incentivar que las compras se concentren en un determinado período.

Curiosidades de las liquidaciones

La creatividad no tiene límites al momento de realizar liquidaciones y promociones. Estas se presentan con los más diversos formatos y características. Resulta interesante repasar algunos casos que demuestran las variadas y curiosas facetas que pueden mostrar este tipo de estrategias de precios en todo el mundo:

• El costado alegre de las liquidaciones

Un comerciante italiano de la localidad de Grosseto, en diciembre de 2008 colgó un curioso letrero en la vidriera de su negocio de carteras y accesorios: "10% de descuento a quien entre con una sonrisa". El objetivo de esta estrategia no era solamente impulsar las ventas, sino también levantar el ánimo de los clientes que, según el comerciante, se veían muy decaídos desde el inicio de la crisis económica internacional.

La promoción fue todo un éxito, ya que más allá de su dificultosa implementación, logró una amplia divulgación en los medios por su indiscutible originalidad.

• El costado saludable de las liquidaciones

El Ministerio de Sanidad y Consumo de España lanzó a comienzo de 2009 una amplia campaña denominada "Compra con criterio". Ella estaba destinada a educar a los consumidores acerca de cómo optimizar los gastos durante las tentadoras liquidaciones españolas conocidas como "rebajas".

Algunos de los principales consejos incluidos en esta campaña eran: establecer anticipadamente un presupuesto para compras, hacer una lista de prioridades, no abusar de la tarjeta de crédito dados los costos financieros, comprobar que la etiqueta indique el precio original y el rebajado o el porcentaje de descuento, solo por mencionar algunas de las recomendaciones.

• El costado trágico de las liquidaciones

Un empleado de la cadena Walmart murió aplastado por una estampida de clientes en noviembre de 2008, en Nueva York, Estados Unidos.

Alrededor de dos mil compradores habían hecho largas filas durante toda la noche en espera de la apertura del local, para aprovechar el denominado "Viernes Negro" (el viernes después del Día de Acción de Gracias, que marca el comienzo de la temporada de liquidaciones en los Estados Unidos).

Los compradores agolpados en la puerta del local ejercieron tal presión que rompieron las puertas de ingreso, y entraron en masa al local en medio de una gran desesperación por aprovechar las ofertas anunciadas. El escaso personal de seguridad del local no pudo evitarlo y la estampida causó heridas en varios empleados, con el lamentable saldo de un empleado temporario de la empresa, de origen haitiano, muerto a causa de los traumatismos.

• El costado tecnológico de las liquidaciones

La utilización de avanzadas tecnologías está a la orden del día en materia de liquidaciones, especialmente en los países más desarrollados.

Los softwares de *markdown management* (administración de rebajas) resultan de gran utilidad para empresas que comercializan bienes con demanda fluctuante durante el año. Este tipo de softwares permite desarrollar estrategias de precios que se anticipan al ciclo de ventas del producto, para evitar que al término de una temporada queden grandes existencias sin vender, o que se apliquen descuentos excesivos ante una demanda sostenida.

• El costado organizado de las liquidaciones

En China, las liquidaciones suelen adoptar el formato inverso. Es decir que, en lugar de ser implementadas por los comerciantes son organizadas por grupos de clientes. Estos hacen valer su poder de negociación al comprar conjuntamente grandes cantidades en un momento determinado.

La práctica, conocida como *tuangou* o compra en equipo, empieza en sitios de Internet, donde consumidores con intereses comunes elaboran planes para comprar artefactos, muebles, comida y hasta automóviles al por mayor. Luego, se organizan para acudir en masa a los comercios y negociar importantes descuentos adicionales. Es tal la fuerza de la compra grupal, que ya existen sitios web especializados, e incluso se realizan debates sobre su implementación: ¿se debe avisar al negocio antes de llegar en grupo a comprar?, ¿o es mejor tomarlos por sorpresa? La regla de oro es: solo una persona negocia, el resto del grupo no interviene. A veces, los compradores hacen una pequeña asamblea para ponerse de acuerdo y luego el negociador sigue adelante.

Algunos negocios se rehúsan a entrar en la moda *tuangou* y colocan carteles en las vidrieras para advertir a quienes se vean tentados de hacerlo. Otros comerciantes, a regañadientes, toleran el fenómeno. Pero cada vez son más quienes ven grandes ventajas en la modalidad de venta grupal y que reciben de buena gana al grupo de regateadores. Incluso, en algunos comercios, cuando el *tuangou* se pone en marcha, se prohíbe la entrada a los compradores individuales.

Liquidaciones *top secret*

Las marcas más exclusivas también aplican estrategias de liquidación, solo que su implementación tiene condimentos muy particulares.

Una enigmática carta llegó a la casa de Juan. Sin membrete alguno, solo decía: "Una oportunidad para pocos" en su cara principal. Intrigado, Juan abrió rápidamente el sobre. Se trataba de una invitación personal e intransferible para participar de una liquidación cerrada de una exclusiva marca. De hecho, era la primera vez que Juan oía de liquidaciones de esta selecta etiqueta. ¿Por qué tanto enigma? ¿Qué objetivo persiguen las empresas al realizar estas promociones de círculo cerrado?

Liquidación es aun para muchas empresas, en especial del mercado *premium,* casi una mala palabra, por su tradicional asociación con productos masivos y baratos. Lo último que quisieran muchas de estas empresas es verse mezcladas en este tipo de acciones promocionales de gran repercusión social. Sin embargo, el toque de exclusividad y distinción que resulta al acompañar la palabra liquidación de los adjetivos cerrada, privada o VIP parece estar cambiando la opinión de algunas empresas. Aunque también la persistente caída en las ventas y los excedentes de stocks previos a los cambios de temporada contribuyen a que quienes se mantenían al margen de estas prácticas lo estén reconsiderando.

Las liquidaciones cerradas ofrecen importantes descuentos que no se exhiben en las vidrieras, solamente se comunican de manera personalizada a un selecto grupo de invitados. Estas personas forman parte de un evento que por lo general se realiza en un determinado momento o por un período muy corto. Esta cuidada forma de organización asegura que los clientes no perciban el menor precio como un nuevo nivel de referencia, lo cual podría tener efectos indeseables en marcas que utilizan el precio como una herramienta fundamental para comunicar su exclusividad y valor único. De la misma manera, también sirve para proteger a los clientes, algunos de los cuales no quieren ser identificados como compradores de liquidaciones, lo que sería más probable que ocurriese si la promoción tomara estado público.

Las empresas intentan preservar su exclusiva reputación y prefieren apelar al bajo perfil de este tipo de acciones.

De hecho, tan reservadas suelen ser estas liquidaciones que muchas empresas incluso llegan a negar su existencia ante la consulta de algún medio periodístico. Sin duda, se trata de una interesante alternativa que se está imponiendo en el mundo para el segmento de marcas *premium.*

¿Quiere saber el precio? Dígame la hora

Segmentar precios según el momento en que se produce el consumo es una estrategia que promete grandes dividendos al sector servicios.

Visiblemente ofuscado, Juan tuvo que pegar la vuelta, el restaurante estaba saturado. Sin reserva, era imposible pensar en salir a cenar el sábado a la noche en la costanera rosarina. Luego, una gran duda lo atacó: ¿cuánto dinero estarían perdiendo los dueños del restaurante por no tener capacidad suficiente aquel día?

En los restaurantes, así como en otros servicios, la demanda fluctúa significativamente según la hora y el día de la semana. Una posible solución sería contar con capacidad adicional para atender los picos de demanda. Sin embargo, esta capacidad extra seguramente quedaría ociosa durante el tiempo restante.

En este contexto, algunas empresas han encontrado una herramienta en las decisiones de precios para contribuir a equilibrar la demanda en el tiempo y así generar mayores ingresos. La idea es ofrecer incentivos para que parte de la demanda excedente en los momentos pico se traslade a los momentos de baja actividad. Estos incentivos, que por lo general consisten en precios con descuento, compensan a los clientes más sensibles al precio y que están dispuestos a utilizar el servicio fuera de los momentos pico a cambio de dicho beneficio.

Si un restaurante logra que una mesa sea ocupada dos veces en una noche, evidentemente estará en mejor situación que si ocurre solo una vez, o ninguna. Es así que algunos restaurantes han optado, por ejemplo, por ofrecer descuentos a quienes ingresen a cenar en el primer turno. Esto libera capacidad para atender a los clientes del *prime time*, dispuestos a pagar precios sin descuento. Otra práctica de gran difusión es ofrecer promociones de menúes ejecutivos en los almuerzos, un horario donde la demanda suele ser menor y mucho más sensible al precio.

Utilizar el precio como instrumento para mejorar los ingresos, en situaciones donde las variables claves son el tiempo y la capacidad disponible, es una solución ampliamente adoptada por aerolíneas y hoteles. Esta técnica, denominada *revenue management*, incluye un alto nivel de complejidad y generalmente es gestionada a través de software especializado.

Sin embargo, versiones menos sofisticadas pueden ayudar también a optimizar los ingresos de otras actividades, donde cada cliente que no pueda ser atendido representa la pérdida de una oportunidad de generar ingresos.

Piquete a los precios

Las decisiones acertadas de precios pueden contribuir a sobrellevar los contratiempos más insólitos. El caso de las promociones por obras y los descuentos por piquete.

La obra de tendido de cables avanzaba algo lenta. Juan no sabía qué hacer, una gran zanja cruzaba toda la vereda de la cuadra. La empresa contratista encargada de la obra había avisado que el trabajo demoraría al menos una semana más. Mientras tanto, el local se mantenía abierto, aunque cada vez eran menos los clientes dispuestos a sortear los montículos de tierra y cruzar la zanja a través de unas poco confiables tablas de madera. La facturación se había desplomado y no había mejores perspectivas para el resto de la semana. ¿Qué alternativas le quedaban a Juan para sobrellevar esta situación?

Si cuando una prenda se encuentra fallada el fabricante motiva a los clientes mediante un descuento por segunda selección, razonaba Juan, ¿por qué no pedir un esfuerzo adicional a los clientes mediante el incentivo de una promoción? Entonces decidió repartir volantes por el barrio para anunciar una "promoción especial por obras". Todos los clientes que acudieran al local durante la semana de obras, sorteando las dificultades para ingresar, se beneficiarían con un descuento adicional del 10%. Si bien no todos los clientes se sumaron a la promoción, a muchos les resultó atractiva la propuesta. A pesar de que los resultados no fueron los habituales, las pérdidas se redujeron en gran medida, evitando el "pozo" también en las ventas.

La alternativa elegida por Juan no era novedosa. Durante el año 2009, el restaurante de comida rápida Nsalad, localizado en una "zona caliente" de manifestaciones y movilizaciones masivas de la ciudad de Buenos Aires, implementó el "descuento en días de piquete"[10]. Al igual que en el caso de Juan, se trataba de una situación exógena, es decir, fuera del control de la empresa, que tenía un enorme impacto negativo. Más allá de lamentarse por lo difícil de la situación, la empresa decidió actuar en forma proactiva y salió a recuperar parte de sus clientes mediante una original promoción que proponía un 10% de descuento. Los resultados fueron más que satisfactorios, ya que la pérdida de ventas fue de solo 10%, a diferencia del 30% de los días de piquete sin promoción.

---

10. Gómez, Roberto: "Efecto cortes: un restorán ofrece descuento los días de piquete", en: *El Cronista Comercial*, Buenos Aires, 2/12/2009.

Aunque este tipo de propuestas resulte llamativo, en realidad cumple con gran parte de los requisitos fundamentales de una promoción exitosa. Por un lado, cada iniciativa tiene un tiempo de duración acotado (mientras dure el piquete), lo que ayuda a transmitir el sentido de urgencia a los clientes, movilizándolos a una acción en el corto plazo. Las promociones continuas nunca son una buena idea, ya que los clientes simplemente toman el precio promocional como el nuevo precio habitual. Por otra parte, el hecho que origina la promoción es una situación de gran conmoción y de conocimiento público, lo cual facilita mucho la comprensión por parte de los clientes. En ocasiones, las empresas se olvidan de los clientes cuando diseñan promociones difíciles de comprender y aprovechar.

En fin, más que una promoción, un verdadero piquete a los precios.

Precios para animarse en Internet

¿Nunca compraría ropa a través de Internet? Hay empresas que están experimentando nuevas estrategias de precios para que las personas se animen a adquirir productos no tradicionales en forma virtual.

—Libros, música, y quizás algo de electrónica —en rueda de amigos, Juan mencionaba los productos con más posibilidades de ser vendidos exitosamente a través de Internet.

Alguien entonces añadió ropa. La mayoría lo miró sorprendida, ya que no se imaginaron en la situación de comprar vestimenta a través de la web. Podrían aparecer inconvenientes con el talle, el calce o quizás que lo adquirido, una vez puesto, no resultara del agrado del comprador. Una de las grandes limitaciones de Internet, al menos hasta ahora, es que no se puede probar ni tocar aquello que se va a comprar. Entonces, ¿cómo incentivar a alguien para que se atreva a comprar productos no tradicionales en forma virtual?

Una empresa estadounidense, llamada Nau Apparel, especializada en prendas de calle de alta calidad, implementó un interesante esquema de precios para incentivar las ventas a través de Internet[11]. Esta empresa lanzó en su sitio web, en forma promocional, una sección denominada "el probador" (*changing room*), en la cual se publicaban ofertas de productos seleccionados, como por ejemplo camperas, con el formato: pague 50% ahora y el resto dentro de 30 días. Cuando alguien realizaba una compra por Internet pagaba en el momento el 50% del valor de la prenda, mientras que el 50% restante se debitaba en forma automática de la tarjeta de crédito 30 días después. En ese lapso el cliente recibía la prenda, la podía probar y, si no estaba satisfecho, podía devolverla y recibir un crédito por el dinero pagado hasta ese momento. Para la empresa, existía el riesgo de que el cliente cancelara la tarjeta de crédito en el lapso de los 30 días de prueba, quedando incobrable el saldo. Sin embargo, los beneficios de vencer la barrera de lo virtual para animar a la gente a comprar ropa a través de Internet, convencieron a la empresa de avanzar con esta propuesta. En otras palabras, se trataba de una especie de *test drive*, pero aplicado a la ropa.

La iniciativa de aplicar este esquema de pagos fraccionados es interesante para inducir a nuevos clientes a probar el producto, ya que reduce la incertidumbre provocada por toda situación de compra. Se trata de una especie de garantía de compra, combinada con un pequeño financiamiento directo otorgado por la empresa. El campo de aplicación más recomendable para estos esquemas son los productos de alto precio, o bien, como en el caso de Nau Apparel, para inducir el uso de nuevos canales de comercialización, como puede ser Internet.

---

11. "Nau Apparel's Selling Strategy: 'Pay Half Now, Pay The Rest Later'", en: *Wall Street Journal*, September 30, 2009.

Innovar en materia de decisiones y esquemas de precios puede llegar a ser la solución de muchas empresas para ingresar en el mundo virtual con productos no tradicionales.

Happy hour

La "hora feliz" de los precios es un recurso surgido para promocionar el consumo de bebidas alcohólicas en bares y restaurantes. Sin embargo, se ha extendido rápidamente también a otros sectores. ¿Cuáles son las claves de un happy hour *exitoso?*

Los letreros poblaban las vidrieras de los locales comerciales. Aun con sus rudimentarios conocimientos de inglés, Juan podía entender que el enorme cartel que decía *happy hour* significaba hora feliz. Con su habitual lógica razonó que se trataba de alguna nueva manera de seducir a los clientes. Siempre atento a las tendencias, Juan comenzó a pensar cómo podría aplicar esto a su negocio. Pero antes debía entender claramente los fundamentos de esta acción comercial.

La expresión *happy hour* se origina en las promociones ofrecidas por bares y restaurantes en todo el mundo que consisten en un descuento en el precio de ciertas bebidas alcohólicas durante un día y momento específicos. Generalmente se aplica durante algunas horas del atardecer, en días de la semana en que suele ser poco numerosa la concurrencia de público.

Sin embargo, un poco por efecto de la moda y otro poco por los resultados obtenidos, este recurso se ha diseminado en una gran cantidad de mercados. Así ha aparecido el *happy hour* para llamadas telefónicas, cuando los proveedores realizan descuentos en bandas horarias y días determinados, o en centros comerciales, especialmente en vísperas de alguna festividad importante, solo por mencionar algunos casos. Pero, ¿cuándo tiene realmente sentido un *happy hour*?

Los objetivos del *happy hour* son los mismos que los de una promoción tradicional: conseguir que se animen a comprar los clientes que no lo harían a los precios y condiciones habituales. Para separar los clientes habituales de aquellos que solo están dispuestos a comprar si existe una promoción, el *happy hour* establece una barrera horaria. Los consumidores deben respetar un cierto horario restringido para acceder al descuento. La empresa estima que solo quienes más valoran el descuento estarán dispuestos a reorganizar sus actividades para aprovechar el *happy hour*. Por lo general, los horarios establecidos no son los de mayor concurrencia, ya que de otro modo sería una mera superposición con los horarios de los compradores habituales. Asimismo, algunas empresas juegan con el factor sorpresa para asegurar que los compradores no se hayan demorado a propósito, en espera del *happy hour*.

En definitiva, se trata de una buena idea si podemos segmentar a los clientes según su horario de compra, intentando concentrar en un cierto lapso a aquellos que solo comprarían promoción mediante.

Vender después de una oferta

Las ofertas y promociones son recursos comerciales de gran impacto, pero tienen una duración limitada. Las empresas enfrentan un gran desafío cuando estas acciones finalizan, ya que las ventas suelen caer. ¿Existe alguna forma de reducir el efecto negativo del "día después"?

Entusiasmado por los resultados obtenidos, Juan aún no había comenzado a pensar qué haría el día después de la oferta. Sin embargo, a medida que se acercaba la fecha de finalización comenzó a intranquilizarse por el futuro de las ventas. El estímulo de los descuentos pronto se acabaría, y los clientes deberían enfrentarse otra vez a los precios habituales. No era factible prolongar la oferta, pues la credibilidad de su política de precios se vería muy afectada. ¿Qué hacer, entonces, cuando una oferta finaliza? ¿Existe alguna manera de mitigar los efectos del "día después"?

Este es un tema que ha generado un amplio debate tanto en el mundo de los negocios como en círculos académicos. La contracción de las ventas después de una oferta o una promoción es un problema muy serio que muchas empresas deben enfrentar. Para reducir sus efectos, una reciente investigación realizada por los profesores Michael Tsiros y David Hardesty, de la Universidad de Miami[12], sugiere que los negocios pueden incrementar sustancialmente las ventas y los beneficios si en lugar de subir el precio de una sola vez para regresar al nivel original, anterior a la oferta, realizan este incremento de manera gradual. La estrategia fue bautizada como "SDD" (*steadily decreasing discounting*; en español: "descuentos graduales decrecientes").

Por ejemplo, si la oferta consistió en un 30% de descuento sobre el precio original, el nuevo estudio sugiere que a su finalización el descuento se reduzca un 10% cada semana, hasta que alcance gradualmente el precio normal. ¿Cuál es la ventaja de este método?

En primer lugar, los clientes no solo consideran los precios pasados, sino que estiman el nivel futuro de los mismos. Cuando observan una tendencia creciente, entonces pronostican mayores precios en el futuro, lo que los incentiva a realizar la compra antes para no pagar aún más. Además, los clientes muestran arrepentimiento luego de haberse perdido una oferta. Si el incremento de precios es importante y súbito, es probable que posterguen la compra, al menos por un tiempo, por el remordimiento que produce pagar nuevamente el precio normal. En cambio,

---

12. Tsiros, Michael y Hardesty, David: "Ending a Price Promotion: Retracting it in One Step or Phasing it Out Gradually", en: *Journal of Marketing*, Volume 74, Number 1, January 2010.

si observan un patrón de incremento de precios gradual, existen mayores probabilidades de que realicen la compra para evitar arrepentirse en el futuro de las oportunidades perdidas. De esta manera, percibirán que al menos pudieron aprovechar parte de los descuentos de la oferta.

La aplicación de la estrategia de descuentos graduales decrecientes, si bien no eliminará totalmente el impacto negativo de una promoción en las ventas posteriores, al menos permitirá que la demanda se acomode de una manera más progresiva a las condiciones de venta habituales. La adecuada planificación tanto de la implementación como del "día después" de una oferta o promoción, asegurará mejores resultados para las empresas y mayores oportunidades para los clientes.

¿Recargo o descuento?

¿Descuento por pago contado o recargo por utilizar tarjeta de crédito? Son dos caras de una misma moneda, aunque la manera como se comuniquen puede tener impactos importantes en la percepción de los clientes. Veamos los aportes de la psicología y su Teoría Prospectiva.

Situación 1:
—Son US$ 100 —dijo el vendedor.
—¿Aceptan tarjetas de crédito? —preguntó Juan antes de pagar.
—Por supuesto, aunque el precio tendrá un recargo de US$ 5.

Situación 2:
—Son US$ 105 —dijo el vendedor.
—¿Aceptan tarjetas de crédito? —preguntó Juan antes de pagar.
—Por supuesto, es el mismo precio, pero si abona en efectivo tendrá un descuento de US$ 5.

Al enfrentarse con estas dos situaciones, Juan, al igual que la mayor parte de las personas, termina con la sensación de que ha hecho un mejor negocio en el segundo caso, cuando no ha pagado recargo. Todo esto a pesar de que el precio final ha sido exactamente el mismo en ambas situaciones. ¿Por qué es así?

La teoría desarrollada por los psicólogos israelíes Daniel Kahneman (Premio Nobel de Economía 2002) y Amos Tversky, denominada Teoría Prospectiva (*Prospect Theory*)[13], sostiene que las personas le otorgan proporcionalmente mayor importancia a las pérdidas que a las ganancias, aun cuando ellas sean de dimensiones equivalentes. Los experimentos realizados demuestran que en algunos casos las pérdidas llegan a afectar el doble que ganancias similares. Supongamos que perdemos US$ 10; esto nos causará un descontento mayor que si gináramos US$ 10, a pesar de que en valores absolutos se trata de la misma cantidad. Si vamos al supermercado y encontramos que la mitad de los productos que compramos habitualmente ha subido un 10% y al mismo tiempo la mitad restante ha bajado en la misma proporción, seguramente no seremos indiferentes a este cambio, a pesar de que tenga un impacto neutro en nuestro bolsillo. Como se mencionó, por el mayor peso psicológico que se le otorga a las pérdidas, percibiremos que estamos en una situación peor que antes de los cambios de precios.

Siguiendo el razonamiento anterior, el recargo es percibido por los clientes como una pérdida, mientras que el descuento se asimila a una ganancia. Entonces, pagar un recargo causa psicológicamente un impacto mayor, a pesar de que objetivamente tenga la misma dimensión que el descuento y permita, como en el ejemplo inicial, llegar al mismo pre-

---

13. Kahneman, Daniel y Tversky, Amos: "Prospect Theory: An Analysis of Decision Under Risk", en: *Econometrica*, 47, March 1979.

cio final. Esta es la causa por la que muchas empresas optan por elevar sus precios de lista para luego ofrecer descuentos a distintos clientes en función de las cantidades compradas, los medios de pago utilizados u otros criterios. Esto es mejor recibido por los clientes que establecer un precio de lista relativamente más bajo y cobrar recargos si la cantidad comprada es menor a la establecida como base o si se utiliza un medio de pago que no es el preferido por la empresa.

¿Qué ocurriría si una empresa en lugar de anunciar un costo adicional por entregar a domicilio el producto comunicara que realiza un descuento cuando se retire el producto del local de la empresa?

Teatros a mitad de precio

Un descuento siempre es bien recibido por los clientes. Sin embargo, las empresas deben planificar adecuadamente su implementación para evitar desagradables sorpresas. El caso de los descuentos para espectáculos teatrales en Buenos Aires y la autosegmentación de precios.

¿Quiere asistir a una función de teatro a mitad de precio? En Buenos Aires se ha puesto en marcha, a partir de junio de 2010, la iniciativa Tickets BsAs, con el apoyo de la Asociación Argentina de Empresarios Teatrales (AADET) y el Gobierno de la Ciudad de Buenos Aires. Consiste en un local especial, cerca del Obelisco, un tradicional paseo porteño, donde se venden entradas para espectáculos teatrales a casi mitad de precio. Esta idea busca imitar un sistema que desde hace muchos años existe en los centros artísticos y comerciales de Nueva York (Times Square) y Londres (Leicester Square).

El refrán reza que "cuando la limosna es grande, hasta el santo desconfía". ¿Qué hay entonces detrás de esta propuesta? En realidad se trata de una estrategia de autosegmentación de precios. El objetivo es estimular la demanda de personas que no suelen concurrir al teatro, ya que no están dispuestas a pagar los valores vigentes. Pero, ¿cómo evitar que los clientes habituales simulen ser más sensibles al precio para aprovechar esta oferta? La clave está en las barreras que deben superar quienes quieran acceder al precio especial. Al superarlas estarán autosegmentándose, es decir, identificándose como el grupo de clientes más sensibles al precio.

La primera barrera es la incertidumbre acerca de la disponibilidad de entradas. Estas se venden solo el mismo día del espectáculo, no hay venta anticipada. Cada sala se compromete a vender bajo esta modalidad alrededor del 5% de su capacidad. Por lo tanto, en especial en espectáculos muy populares, seguramente se agotarán casi de forma instantánea.

La doble compra de entradas, y el tiempo que ello insume, es la segunda barrera. El local de Tickets BsAs vende un cupón, a un valor promedio de $ 10, que luego deberá ser presentado en la boletería del teatro para adquirir la entrada definitiva con 50% de descuento. Además, recién en dicho momento se conocerá la ubicación en la sala.

Y la tercera barrera es la forma de pago, pues de momento solo se acepta efectivo.

A pesar de estas restricciones, se trata de una modalidad favorable tanto para las salas de teatro, que a menudo funcionan con parte de su capacidad vacía, como para aquellos que se ven tentados a concurrir debido al precio especial. Además, resulta un canal ideal para vender los asientos ociosos, ya que se reduce la canibalización de ventas a "precio lleno" que ocurriría si se anunciaran ofertas a mitad de precio en la boletería principal de las salas.

Por lo tanto, definir adecuadamente las condiciones que deben cumplir aquellos clientes que quieran acceder a un descuento es fundamental para que las promociones cumplan con la finalidad esperada: estimular la demanda de quienes no comprarían, o bien lo harían en pocas cantidades con el nivel de los precios normales.

Barbie polémica

Las empresas suelen olvidar que sus acciones, incluidas las decisiones de precios, tienen que pasar el filtro de la aceptación social. Transgredir algunas normas o pautas culturales puede generar indeseables consecuencias negativas, aun en casos tan aparentemente inofensivos como el anuncio de una oferta.

¿Puede una oferta generar polémica? El precio, además de ser una variable de alto impacto en los resultados de las empresas, suele tener un gran impacto social. Estas consecuencias son muchas veces ignoradas por las empresas.

En marzo de 2010, Wal Mart Estados Unidos, al notar que el stock de uno de los modelos de la famosa muñeca Barbie tenía una baja rotación, reaccionó publicando una oferta del modelo en cuestión. Hasta aquí, nada fuera de lo habitual. Sin embargo, la polémica se encendió cuando algunos clientes notaron que el modelo en oferta era la Barbie de raza negra, que quedaba a mitad de precio que la clásica muñeca. Algunos lo interpretaron como una actitud que devaluaba a la etnia en cuestión, al ubicar a este modelo en particular en un escalón de precios inferior. Así, numerosas organizaciones sociales catalogaron al movimiento de precios como discriminatorio (en sentido social, no económico), y elevaron sus quejas. Aunque la empresa intentó defenderse argumentando que la oferta tenía solo motivaciones de reducción de stocks, la condena social se hizo sentir.

A comienzos de 2010, Air France disparó también la polémica al anunciar que cobraría dos pasajes a aquellos pasajeros obesos que ocuparan más de un asiento. En un intento por morigerar la reacción social, anunció simultáneamente que devolvería el importe del pasaje adicional en caso que el avión no viajara completo. La empresa argumentó razones de seguridad para adoptar esta medida, aunque no fueron explicaciones suficientes para detener una gran cantidad de declaraciones de repudio de diferentes sectores de la sociedad.

Otra acción muy discutida fue el recargo que durante algún tiempo aplicaron ciertas estaciones de expendio de combustibles en la Argentina, bajo el nombre de "servicio de playa". Sin entrar a evaluar si dicho adicional correspondía o no, se trató de una manera polémica de implementar un ajuste de precios. Los usos y costumbres en el expendio de combustible siempre indicaron que el precio debía ser una tarifa única y transparente. Resultaba muy ingrato para muchos conductores ver un precio anunciado en el cartel principal de la estación, y luego enterarse del adicional que debían pagar.

En definitiva, al tomar decisiones de precios, los análisis estrictamente económicos no son suficientes. Toda decisión de precios debe contemplar los impactos directos e indirectos en la sociedad. Paradójicamente, las decisiones que no pasan la prueba de "tolerancia social" pueden, en último término, provocar consecuencias económicas inesperadas.

El estrés de las promociones

Un creciente número de clientes se muestra cada vez más confundido por las numerosas y constantemente cambiantes promociones. ¿Qué están haciendo las empresas para responder a esta situación?

Una vez más, Juan recibió en su casa el folleto con las "imperdibles" ofertas de la semana del supermercado del barrio. Mareado por constantes y cambiantes promociones,

Juan siempre terminaba con la gran duda de si realmente había ahorrado dinero al aprovechar las ofertas y, por supuesto, comprar en el mismo lugar el resto de los productos. A veces, siguiendo los consejos de Lita de Lázzari[14], intentaba una gira por diferentes locales para aprovechar las ofertas de cada uno de ellos, aunque esto le demandaba demasiado tiempo y esfuerzo. También se sentía muy defraudado cuando comenzaba una promoción de un producto que, justamente, había comprado a precio normal poco tiempo atrás. No se conformaba con aceptar que esas eran las reglas del juego. ¿Tenía alguna manera de evitar el estrés de las constantes promociones?

El modelo tradicional, ampliamente utilizado en consumo masivo, se denomina *Hi-Lo* (algo así como: precio alto - precio bajo). Consiste en intercalar frecuentemente ofertas de alto impacto comercial. La estrategia apunta a este tipo de estímulos para generar tránsito de clientes, que luego comprarán una amplia gama de productos.

Sin embargo, en diferentes países, al notar el desgaste que produce en parte de los clientes la constante exposición a ofertas y promociones, algunas empresas han optado por un nuevo modelo de negocios "sin sorpresas". La estrategia se denomina EDLP (*every day low prices* o precios bajos todos los días). Consiste en reducir el énfasis en las promociones de precios y proyectar el concepto de compra económica y cómoda todos los días y en todos los productos. La idea es transmitir a los clientes que no necesitan esperar a la promoción, ya que el precio será bajo y

---

14. Ángela Palermo "Lita" de Lázzari (27 de julio de 1925, Buenos Aires, Argentina) es una mediática ama de casa argentina, presidenta honoraria de la Liga de Amas de Casa, Consumidores y Usuarios de la República Argentina. Participó en noticieros y varios programas de televisión. De Lázzari es conocida por darles consejos a las amas de casa argentinas, y algunas de sus frases hacia ellas son: "caminen chicas", "busquen precio" o "hay que caminar y buscar precio". Fuente: Wikipedia.

constante durante todo el año (exceptuando ajustes inflacionarios). También indirectamente se está comunicando que los clientes no deben dejarse influir por ofertas aisladas, sino que deben fijarse en la totalidad de su compra para verificar que el gasto haya sido efectivamente menor.

EDLP está pensado para lograr la fidelidad de un conjunto de consumidores desencantado por las sucesivas promociones, y que prefieren un horizonte más previsible. De hecho, las ventas de aquellos locales que migran a *EDLP* al principio pueden verse reducidas. Es posible que pierdan a los clientes que buscan la promoción del momento. Sin embargo, se apunta a obtener en el largo plazo una mayor cantidad de clientes que concentren toda la compra en el lugar, al valorar la promesa de precios bajos permanentes.

No hay respuestas definitivas, ni verdades absolutas: cada empresa elige a qué estrategia adherir, ya que de hecho apuntan a segmentos de clientes con expectativas diferentes. Como siempre, la última palabra la tiene el cliente.

3. DISEÑAR ESTRATEGIAS DE PRECIOS

La columna vertebral de las decisiones de precios está constituida por la estrategia. Es el factor común de las decenas, cientos o miles de transacciones comerciales que realiza la empresa. Definir adecuadamente la estrategia de precios es una gran responsabilidad. Veamos algunos ejemplos y casos prácticos interesantes acerca de la implementación de las estrategias de precios en diferentes situaciones.

Estrategias de precios para bolsillos flacos

¿Recortamos masivamente los precios? Combinando recetas clásicas y nuevas herramientas, las empresas pueden diseñar estrategias de precios especialmente eficaces para atender a los clientes más preocupados por ahorrar.

Algunos grupos de clientes solo parecen preocupados por el precio que deben pagar. Esos son los clientes más sensibles al precio. En contextos económicos recesivos, este grupo de clientes tiende a ampliarse, ya que se incrementa la tendencia a buscar mejores precios y redoblar los esfuerzos por recortar gastos. ¿Qué alternativas tienen las empresas en estas situaciones?

En lugar de "nivelar hacia abajo" y recurrir a recortes de precios generalizados, las empresas deben planear acciones muy selectivas. Al concentrar las acciones en los segmentos de clientes más sensibles al precio, se reducirá el efecto en la rentabilidad de cualquier descuento ofrecido. Veamos algunas de las herramientas para dar respuesta a los clientes más preocupados por los precios.

• Segundas líneas

Se trata de líneas de productos alternativas (o marcas) que apuntan específicamente al segmento del mercado más sensible al precio. Estos productos, por lo general, solo tienen los atributos básicos por los cuales un cliente está dispuesto a pagar, y si bien su precio es menor, también su costo suele ser inferior. Sin embargo, aun cuando la segunda marca tenga costos equivalentes a la primera línea, esta estrategia sigue teniendo sentido. Permite mantener los precios y la rentabilidad en aquellos clientes que siguen fieles a las primeras líneas. Asimismo, evita reducciones de precios que pueden llegar a afectar la calidad percibida de los productos principales, lo cual puede tener graves consecuencias a largo plazo. La estrategia de segunda línea permite, de alguna manera, "preservar" los márgenes de la primera marca.

• Precios "a la carta"

Es la contracara de los "combos" o precios por canasta que ofrecen por un precio único un conjunto de productos o servicios. La estrategia de precios "a la carta", también conocida como *unbundling*, consiste en ofrecer el producto o servicio en forma de un menú de opciones. Es recomendable cuando existen distintos grupos de clientes que valoran de manera diferente los atributos o características de los productos de la empresa. Por ejemplo, cuando hay clientes dispuestos a pagar por recibir el producto en su domicilio, mientras que otro grupo no valora para nada dicho servicio. Ante estas situaciones resulta aconsejable disociar los diferentes atributos del producto, ofreciéndolos en forma de menú, cada uno con un precio específico. De esta manera, cada cliente podrá armar el producto o servicio más adecuado a su percepción de valor y sensibilidad al precio, y pagará un precio diferente en cada caso.

• Dosificación (real o comunicativa)

El precio de referencia es un factor fundamental para que los clientes puedan juzgar si algo es caro o barato. Se trata de una percepción subjetiva e individual, basada en precios pagados u observados previamente. En ciertas ocasiones, las empresas cambian los precios de referencia al modificar el tamaño o la cantidad de la presentación de los productos, lo que dificulta la comparación de precios con situaciones anteriores. En entornos recesivos, es habitual observar que muchas empresas lanzan al mercado envases y presentaciones de menor tamaño, los cuales están dirigidos al segmento de clientes que recorta sus gastos y que busca alternativas para cubrir las necesidades inmediatas, sin preocuparse demasiado por aprovisionarse para el futuro.

Algunas empresas van más allá, y sin cambiar en absoluto las presentaciones de los productos, inducen al cliente a pensar el producto en otros términos al modificar la unidad de medida antes utilizada para evaluar el precio. Por ejemplo, en lugar de pensar que paga $ 4 por un sachet de yogur, la comunicación publicitaria sugiere a los clientes que están pagando menos de $ 1 por vaso. La nueva unidad de medida para el precio de referencia pasa a ser el vaso. En lugar de percibir que gastamos $ 120 por bimestre de energía eléctrica, podemos afirmar que el consumo fue de $ 2 por día, tal como está informado en la factura. De esta forma, se intenta que los clientes perciban que el precio que están pagando representa un sacrificio económico relativamente menor.

• Promoción con obstáculos

Es un instrumento mediante el cual la empresa induce a que los propios compradores más sensibles al precio se identifiquen. El vendedor coloca algún tipo de obstáculo, y ofrece un precio más bajo a quienes lo superen. La lógica es que los compradores más sensibles al precio tendrán una tendencia mucho mayor a salvar los obstáculos. Un ejemplo clásico es el cupón de descuento. Superar el obstáculo consiste en tomarse la molestia de llevar el cupón y presentarlo al momento de realizar la compra. El razonamiento de la empresa es que las personas menos sensibles al precio (o más tímidas) estarán menos propensas a realizar este trámite y, por lo tanto, acabarán pagando el precio normal. Por otra parte, quienes sean más sensibles al precio pagarán el valor más bajo, ya que presentarán el cupón.

Algunas empresas suelen emplear obstáculos mucho más triviales. Por ejemplo, colocar un cartel o un anuncio publicitario que indique: "Pregunte por nuestra oferta especial" o "Descuento especial si menciona este anuncio". En este caso, el obstáculo consiste simplemente en tener que preguntar o hacer referencia a un anuncio. Sin embargo, puede ser un obstáculo muy eficaz, ya que muchos clientes, por diferentes razones o simplemente vergüenza, no querrán tomarse esta molestia. Por ejemplo, por medio de la radio, una óptica de la ciudad de Rosario anunciaba descuentos adicionales en sus productos para los clientes que se presentaran en el mostrador y mencionaran correctamente el nombre del comercio. Claro que el nombre presentaba cierta dificultad para pronunciarlo de corrido: era "Fagaburu".

- *Loss leader* (líder en pérdidas)

Es una estrategia clásica del comercio. Consiste en ofrecer un producto o servicio "gancho" a un precio muy atractivo para inducir a los clientes a visitar el local, oportunidad que hará más probable que compren otros productos con márgenes mucho mayores.

Por lo general, se trata de productos de compra frecuente, lo que hace que el descuento resulte interesante y fácilmente reconocible por los clientes. El producto *loss leader* puede variar según la empresa y el momento, pero se intenta que sea de precio relativamente bajo (en valor absoluto) para restringir los impactos económicos de sus ventas. Algunas empresas llegan a limitar la cantidad comprada de productos en la promoción para evitar que los clientes puedan almacenarlos, afectando las ventas futuras.

- *Variabilización* de precios

Se aplica particularmente en los productos y servicios que representen un alto precio unitario para el cliente. Actúa como una especie de "financiamiento" para aliviar el esfuerzo económico del cliente, al distribuir en el tiempo los pagos a realizar. Por ejemplo, en el caso del software, en lugar de requerirse un monto inicial como pago por la licencia, algunas empresas comienzan a aplicar el modelo *SaaS* (*software as a service*, en inglés, o software como servicio, en español), que considera el pago como un alquiler por el uso y por otros servicios relacionados.

La utilización de las estrategias anteriores permitirá a las empresas dar respuestas a los clientes más preocupados por ahorrar, aunque evitando la necesidad de recurrir a recortes de precios generalizados que tendrían, en los resultados, consecuencias difíciles de revertir.

Este negocio, ¿vende caro o barato?

Existe una eterna discusión acerca de qué se considera caro, y qué barato. Veamos cuáles son los factores fundamentales para que un cliente clasifique a un negocio como caro o barato.

Vivimos rodeados de información acerca de precios. De hecho, solo con ingresar a un supermercado, estaremos en contacto con más de 10.000 precios de artículos diferentes.

Pero, paradójicamente, cuanta más información tenemos, más nos cuesta sacar conclusiones.

La realidad es que la mayoría de los consumidores prácticamente no conoce el precio de los productos y servicios disponibles en el mercado. Nuestra capacidad para asimilar información es sumamente limitada. Por ejemplo, al salir de un supermercado con nuestro carrito lleno de artículos, normalmente no recordaremos más que unos pocos precios de lo recién adquirido.

Las investigaciones indican que los consumidores utilizan los precios de una pequeña porción de los productos que adquieren habitualmente para formarse una idea general del nivel de precios en un cierto local de ventas, y así clasificarlo como caro o barato. Este hecho hace que los precios de esos artículos utilizados como referencia constituyan un factor clave en la decisión de compra en los mercados de consumo masivo.

Una investigación de mercado realizada por la consultora internacional McKinsey en 2005 (solicitada por The Coca-Cola Retailing Research Council - Latin America) para entender cómo los consumidores de Latinoamérica construyen su percepción de precios, arrojó interesantes resultados en este sentido. Para dichos consumidores, los precios de referencia representan el 50% de la percepción total del precio. En segundo lugar, se encuentra la "arquitectura de surtido", es decir, la variedad de productos con diferentes niveles de precio y calidad, lo que participa en un 25% en la percepción de precios. En tanto que el 25% restante puede atribuirse a un conjunto de diferentes factores, como las promociones, la comunicación y el ambiente interno del negocio. La misma investigación indicó que la capacidad de los consumidores para recordar precios se limita a un promedio de cuatro artículos. Justamente estos son los artículos principalmente utilizados para evaluar el nivel general de precios de un negocio (Figura 4).

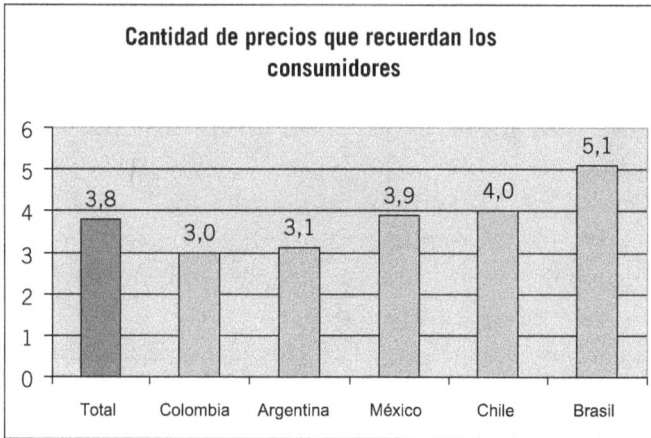

Fuente: McKinsey (2005).

Figura 4. Recordación promedio de precios.

Sin embargo, no todos los consumidores utilizan los mismos artículos y marcas como precios de referencia. Por lo tanto, el desafío consiste en identificar y realizar un seguimiento cercano de aquellos artículos cuyos precios son utilizados como referencia por la mayoría de los consumidores, o bien por el segmento de consumidores objetivo de la empresa. La gestión adecuada de los precios de este grupo de artículos tendrá una incidencia fundamental en la evaluación que realizan los clientes acerca de si un determinado local vende caro o barato.

Consideremos un ejemplo para ver la importancia de los precios de referencia. En general, cuando organizamos las compras para una cena en la que el plato principal será carne a la parrilla, nuestra preocupación principal es el precio del corte de carne preferido. Difícilmente cambie demasiado nuestra percepción de precios del lugar donde hacemos la compra por el precio de las achuras (menudencias vacunas), la sal, los fósforos, el carbón o las verduras para la ensalada, artículos que, en la gran mayoría de los casos, terminaremos por comprarlos en el mismo lugar.

Como esta es la manera de razonar de la mayoría de los consumidores, las empresas intentan diseñar su política de precios en consecuencia. Por ello, para seleccionar qué productos se anunciarán como ofertas, las empresas apuntan a aquellos cuyos precios son utilizados como referencia.

Por lo tanto, antes de afirmar si un negocio vende caro o barato, podría ser un interesante ejercicio pensar por un momento cuántos elementos avalan esta opinión. Para realizar una afirmación objetiva, la compra debería estar integrada siempre por los mismos artículos, para poder comparar la diferencia en el gasto total y, de esta manera, afirmar fundamentadamente si el negocio vende caro o barato. Incluso podríamos ir más allá y dividir la compra, adquiriendo en cada negocio los artículos que cada uno tenga a menor precio. Sin embargo, en la práctica es muy difícil que lo anterior ocurra. Por lo general los artículos y cantidades compradas varían en cada oportunidad, y pocas veces los clientes se toman el trabajo de comparar precios artículo por artículo para seleccionar el negocio donde comprar más barato. Por todo lo mencionado, resulta realmente difícil que un consumidor promedio pueda determinar fehacientemente si un negocio vende comparativamente caro o barato. En este contexto, los precios de referencia son la principal guía utilizada por los consumidores, a nivel individual, para catalogar a un negocio como caro o barato.

Una salvedad importante: este tipo de política de precios de referencia es muy efectiva en mercados de venta a consumidores finales (*business-to-consumer*). En el caso de transacciones realizadas entre empresas (*business-to-business*), los compradores profesionales cuentan con una gran cantidad de información disponible y se ayudan con sistemas informáticos para procesar los datos, lo que hace mucho más sencilla la comparación de precios de gran cantidad de artículos y reduce en gran medida la eficacia de las políticas de precios de referencia.

Todo depende

Ningún precio es caro o barato en sí mismo, dependerá del contexto en el que se lo analice. Las empresas pueden incluso alterar dicho contexto para provocar una percepción más favorable.

Con gran expectativa Juan agregó una nueva opción en su librería: lapiceras de alta gama a un precio significativamente más caro que el resto de las líneas. El resultado fue lapidario. No vendió ni una sola durante el primer mes. Un fracaso total, fue la primera impresión de Juan sobre la nueva línea. Sin embargo, luego de revisar con más detalle la información de ventas, se dio cuenta de que las lapiceras tradicionales habían duplicado su facturación sin ninguna razón aparente que lo justificara. Por otro lado, la línea de lapiceras económicas había mantenido sus ventas habituales. ¿Qué había sucedido?

Existe una premisa básica cuando hablamos de precios: todo es relativo. Algo resulta caro o barato según cuál sea nuestro parámetro de comparación. En la librería, los clientes interesados en comprar lapiceras preguntaban por las diferentes opciones disponibles. Entonces se les exhibían diversas alternativas con distintos precios. El hecho de que existiera una línea de alto precio hacía percibir en términos relativos como más conveniente la línea tradicional, que ahora se transformaba en una versión de precio intermedio. Esto repercutía de manera favorable en las lapiceras tradicionales, a pesar de que nada había cambiado en esa línea. Paradójicamente, para vender más lapiceras tradicionales la solución no fue ajustar el precio de ese producto, sino introducir una línea de mayor precio, que redefinió la percepción de los clientes.

Esta conducta de los compradores, aparentemente irracional según las teorías económicas tradicionales, ilustra que el análisis para definir una compra muchas veces se basa en cuestiones netamente subjetivas. Las decisiones se toman dentro de un contexto, y los cambios en dicho contexto (por ejemplo, agregar lapiceras de alta gama) pueden repercutir en la elección de los clientes. Nuevas corrientes de pensamiento, como por ejemplo la denominada "economía del comportamiento", exploran estas conductas aparentemente irracionales y brindan grandes aportes para entender el comportamiento real de los consumidores.

Cuando más tarde analizó el nuevo panorama de sus ventas de lapiceras, Juan recordó la frase de una canción del grupo español Jarabe de Palo: "…depende, ¿de qué depende?, de según cómo se mire todo depende…".

Fútbol: ¿qué precio tiene la pasión?

Estrategias de precios cada vez más sofisticadas son aplicadas al fútbol, al ponerle un precio a la pasión de los hinchas en cada partido. El caso de Boca Juniors y los precios para turistas.

El diario inglés *The Observer* calificó al superclásico de fútbol Boca-River, en la cancha de Boca, conocida como La Bombonera, como "uno de los 50 eventos deportivos a los que se debe asistir antes de morir". Esto potenció aún más su gran atractivo turístico internacional.

En un intento por aprovechar la gran oportunidad que esto representaba, Boca Juniors creó un programa especial para turistas denominado *Boca Experience*. El paquete incluye la entrada a un sector especial de plateas, y el traslado desde y hacia el hotel para los diferentes partidos disputados en La Bombonera.

El modelo está inspirado en la experiencia de grandes clubes internacionales como Manchester United, Real Madrid o Barcelona que cuentan con un área específica para los programas turísticos.

Pero, ¿vale lo mismo para un turista presenciar un superclásico que un partido de primera fase de la Copa Libertadores contra el Deportivo Táchira?

Evidentemente, no. Por lo tanto, esta diferencia en la percepción de valor representa también una oportunidad a nivel económico para el club. Estudio de precios mediante, Boca implementó una novedosa segmentación en tres categorías.

Los partidos "clase A" tienen un precio de US$ 400 por paquete. Esto se aplica al superclásico (Boca Juniors contra River Plate) y a las instancias decisivas de copas internacionales.

Los partidos "clase B" tienen un precio de US$ 200 e incluyen los cotejos contra Independiente, Racing Club, San Lorenzo y los cuartos de final de las copas internacionales.

Por último, los partidos "clase C" tienen un precio de US$ 150 que se aplican a todos los encuentros restantes.

Si bien es difícil establecer rigurosamente el precio óptimo de cada partido (ya que cada persona tiene una percepción de valor diferente), siempre es mejor una aceptable aproximación mediante precios segmentados que no intentar nada.

En efecto, las estrategias de precio único dejan un enorme valor sobre la mesa, ya que no distinguen diferencias en el valor percibido por los clientes. Todos son tratados de igual manera en todas las situaciones.

¿Representa lo mismo, para un consumidor, tomar un café apurado en el desayuno que disfrutarlo por la noche en una salida con la pareja o con amigos? Para aprovechar estas diferencias, algunos bares y restaurantes aplican precios segmentados según el momento del día. Generalmente, se cobran precios superiores en el horario nocturno (o simplemente no realizan las promociones con descuentos que sí ofrecen durante el resto de la jornada).

Siguiendo este razonamiento, las estrategias de segmentación de precios son aplicables en gran variedad de situaciones donde puedan identificarse diversas valoraciones por parte del mismo cliente o por diferentes grupos de clientes (por ejemplo, precios con descuento para jubilados).

Mediante estas estrategias de precios, las empresas intentan aproximarse cada vez más al objetivo de llegar con "el precio justo al cliente indicado y en el momento correcto".

Para Boca Juniors, los resultados de la segmentación de precios han sido muy alentadores. Las entradas del paquete *Boca Experience* para el superclásico 2009 se agotaron con tres semanas de anticipación, a pesar de que el nuevo precio duplicaba al que se cobraba anteriormente. Y esto ocurre aun cuando paquetes similares para ver a otros equipos de Buenos Aires no superan los US$ 100.

Al fanático podrá resultarle difícil de entender, pero la pasión por el fútbol tiene un precio. Y, cada vez más, los clubes tratan de calcularlo para mejorar sus resultados económicos en cada partido.

La temperatura de los precios

La segmentación de precios según la temperatura ambiente abre nuevos horizontes para las decisiones de precios de productos afectados por esta variable climática.

Juan se acercó a la caja de la heladería dispuesto a comprar un kilo de helado.

—¿Qué precio tiene? —preguntó.

El cajero miró un gran termómetro y, después de ver la temperatura, respondió el precio. ¿Una situación ficticia?

No es novedad que el consumo de helados es mayor durante el verano. ¿Quién puede resistirse a su refrescante sabor cuando el calor agobia? Por eso, en invierno, el encanto del helado se reduce ante las bajas temperaturas. Lo anterior significa que el valor que le atribuimos al helado cambia claramente según las variaciones en el termómetro. ¿Por qué entonces las heladerías no lo reflejan en sus precios? La respuesta no es sencilla. Hay quienes podrían sentirse ofendidos por pagar precios diferentes según la temperatura. No faltaría quien argumentara que se trata de un abuso de las empresas, especialmente en los días de mayor calor. Razonables o no, estos planteos representan una limitación a considerar. ¿Qué ocurre cuando las empresas no los toman en cuenta?

En 1999, Coca-Cola de los Estados Unidos analizó la posibilidad de lanzar al mercado una máquina automática expendedora de gaseosas que ajustaba el precio de acuerdo con la temperatura. A mayor calor, mayor precio, suponiendo que los consumidores estarían dispuestos a pagar más por la bebida fría. Al enterarse de esto, Pepsi declaró que "nunca explotaría a los consumidores de esa manera en los días más calurosos". Finalmente, Coca-Cola desistió de la idea, por la gran cantidad de críticas recibidas. Si bien la lógica de precios aplicada por Coca-Cola era correcta, la implementación no era adecuada ya que causaba un gran malestar social y no respetaba pautas culturales.

Sin embargo, como la creatividad no conoce límites, algunas empresas han encontrado maneras innovadoras de segmentar precios según la temperatura sin provocar reacciones adversas en el mercado. En lugar de cobrar directamente un precio diferente según lo que indicara el termómetro, Saverio, una tradicional heladería de Buenos Aires, durante la temporada de invierno de 2009 decidió entregar gratis una cantidad adicional de helado en función de la temperatura. Adoptó una escala predeterminada, y cuanto menor era la temperatura, mayor era la cantidad adicional de helado que se entregaba gratis con la compra de un kilo. La escala arrancaba en los 15 °C, con un cuarto kilo, y llegaba a regalarse hasta un kilo, si la temperatura era de 0 °C o más baja.

En efecto, se trataba de una manera implícita de reducir el precio a medida que la temperatura bajaba. Sin embargo, no hubo cuestionamientos, ya que la manera de establecer la segmentación de precios era, en este caso, social y culturalmente aceptada.

Literatura gratis en la web

El enfoque convencional sostiene que entregar gratuitamente un producto puede llevar a la destrucción de un mercado. Sin embargo, algunas experiencias de autores que entregan a costo cero sus obras a través de Internet parecen ser una interesante excepción.

¿Cuál es el negocio?, se preguntaba sorprendido Juan, mientras pensaba temeroso en el futuro de las editoriales y las tradicionales librerías. Navegando por la web ahora podía descargar libremente versiones completas de gran cantidad de libros, muchas de ellas de escritores reconocidos.

De hecho, cada vez más autores permiten oficialmente que se descargue de manera gratuita sus libros desde Internet, en ciertos casos aun antes de lanzar la edición impresa. Es el caso de Adrián Paenza, con su popular serie de libros sobre matemática, o Hernán Casciari, el ascendente autor de *Más respeto, que soy tu madre*, la obra llevada al teatro por Antonio Gasalla.

¿Altruismo de los escritores? Nada de eso. Resulta una excelente forma de publicitar sus obras. Además, cada vez es más difícil ponerles precio a los materiales que circulan a través de Internet. La diferencia entre entregar algo gratuitamente y solo cobrar un centavo tiene un impacto extraordinario en la decisión de compra a través de Internet[15].

---

15. Algunos autores han bautizado a esta conducta como el *penny gap*. La demanda en Internet tiene una altísima elasticidad precio cuando se comienza a cobrar aun precios ínfimos por productos o servicios que en algún momento se ofrecieron en forma gratuita.

Podríamos decir que los internautas tienen una altísima elasticidad (o sensibilidad) al precio, mucho mayor que la que muestran al comprar en los negocios tradicionales. Evidentemente, el hecho de recibir valiosos contenidos de forma gratuita se ha transformado en una costumbre, que a esta altura parece ya difícil de revertir. Pero detrás de la amenaza, como siempre, aparece una oportunidad. Los autores ven con buenos ojos la gran ventaja que ofrece la web de difundir masivamente y a bajo costo sus obras. Por lo tanto, muchos apuestan por entregar gratis contenidos, con la esperanza de que, en algún momento, parte de los usuarios gratuitos se transformen en clientes. Es decir que el interés generado a partir de experimentar los contenidos *free* los movilice a comprar las versiones impresas de los libros.

A su favor también juega el hecho de que nadie regala las hojas impresas desde un archivo. El libro tradicional sigue manteniendo su hálito de exclusividad, su toque distintivo de amor y fraternidad, lo que hace que los libros se encuentren entre los objetos más obsequiados.

Por lo tanto, Internet difícilmente destruirá este mercado, solo que ahora autores, editoriales y librerías deberán adaptarse a las nuevas condiciones del negocio.

Los increíbles límites del precio

Una aerolínea pretende cobrar a sus pasajeros por usar el baño. ¿Se está llegando demasiado lejos?

Luego de dos horas de vuelo, Juan decidió estirar sus piernas. Salió a caminar un poco por el pasillo y, de paso, ir al baño. Al intentar abrir la puerta del baño se dio cuenta de que estaba trabada, a pesar de que nadie lo estaba ocupando. En ese momento la azafata le hizo un gesto inequívoco: necesitaba poner una moneda en la cerradura, como forma de pago para acceder al baño. Juan, desconcertado, miró hacia arriba en un intento por hallar alguna explicación y, resignado, buscó una moneda en su bolsillo.

¿Difícil de creer? No tanto. La aerolínea europea Ryanair, perteneciente al segmento de bajo costo o *low cost*, anunció en 2009 que estudiaba colocar un sistema de cobro para permitir el acceso a los baños de los aviones. El precio de este "servicio" sería de una libra, y se implementaría a través de una cerradura que se destrababa mediante monedas.

Con el argumento de que en Europa es frecuente que exista una tarifa por acceder a los baños en estaciones de ferrocarriles o de ómnibus, esta aerolínea planeaba extender esta práctica a los aviones. Las repercusiones de esta iniciativa fueron mayormente críticas, en especial de parte de asociaciones de consumidores que consideraron este anuncio como un abuso de la empresa.

Alguien podría argumentar que en diferentes países también es práctica habitual tener que pagar por usar el baño en ciertos lugares públicos, como terminales de ómnibus y estaciones de servicio de ruta, por ejemplo. Sin embargo, la gran diferencia es que mayoritariamente se trata de contribuciones voluntarias, mientras que en el caso de la aerolínea se planteaba como un pago obligatorio a un precio determinado.

Analicemos un poco la estrategia de precios de este tipo de empresas. Las aerolíneas *low cost* se caracterizan por implementar estrategias de "precios a la carta", también conocidas como *unbundling*. En este caso el servicio básico, es decir el vuelo, tiene un precio sumamente bajo y atractivo, que forma parte de las ofertas ampliamente publicitadas por las empresas. Pero a la vez, existe una gran cantidad de servicios relacionados con el vuelo que tienen un precio adicional, no tan publicitado como la tarifa básica del vuelo y que los clientes pueden optar por comprarlos o no. Estos adicionales forman parte de la "carta de servicios extra". En el caso de Ryanair, por ejemplo, debe pagarse un adicional por llevar equipaje, por el servicio de a bordo (comidas y bebidas), por tener prioridad al momento del embarque, o por la emisión del pasaje en el aeropuerto para quienes no utilicen el sistema virtual disponible a través de Internet, entre otras cosas. Esta estrategia de precios no es otra cosa que un ejemplo de segmentación, ya que cada cliente podrá armar el paquete de servicios más adecuado, según su percepción de valor y sensibilidad al precio, y pagar un precio diferente en cada caso.

Ryanair propone, en su nueva estrategia de precios, considerar también el uso del baño como un "servicio extra", por el cual pueda cobrar un precio adicional. Sin embargo, no puede pasar por alto un requisito muy importante: la estrategia de precios nunca debe fomentar el resentimiento de los clientes. En este caso, quienes necesiten utilizar el baño, podrían sentirse ofendidos porque la empresa intenta sacar provecho de una necesidad fisiológica. Al menos, esto es lo que afirman las asociaciones de consumidores europeas que reaccionaron enérgicamente ante esta idea.

En definitiva, es de esperar que la propuesta de Ryanair de cobrar por acceder al baño en los aviones difícilmente llegue a buen puerto, o mejor dicho, a buen aeropuerto.

En inglés es más caro

La segmentación de precios puede ingresar en ocasiones en terrenos controvertidos, cuando no se respetan usos y costumbres, así como legislaciones locales. Una adecuada implementación debe considerar estas restricciones.

El cartel indicaba: "*Orange juice*: $ 5", "Jugo de naranja: $ 4". ¿Se trata de otra variedad de jugo? No, simplemente es el mismo producto, pero para clientes angloparlantes,

que no comprenden el español. Esta fue la curiosa y polémica estrategia de segmentación de precios aplicada por un
puesto de ventas ambulante ubicado en los bosques de
Palermo, en la ciudad Buenos Aires. La intención del vendedor era "aprovechar" el aluvión de turistas extranjeros, y
su mayor poder adquisitivo, apelando a un recurso ética
y legalmente transgresor.

Las estrategias de segmentación de precios son ampliamente utilizadas para reflejar las diferentes valoraciones de
un mismo producto o servicio por parte de distintos grupos de clientes. Así, encontramos precios reducidos para
jubilados en algunos servicios, o descuentos para quienes
compran una entrada en forma anticipada. Sin embargo,
algunas estrategias van aún más lejos e intentan reflejar distintas valoraciones y disposición a pagar de acuerdo con el
lugar de origen de los clientes.

La Secretaría de Turismo de la provincia de Mendoza, en la Argentina, implementó desde abril a junio de 2009 un programa denominado "Mendoza para los mendocinos", con el objetivo de promover el turismo interno. Se aplicó un esquema de descuentos preferenciales en hoteles y excursiones para todos los residentes en dicha provincia, a la vez que se mantenían las tarifas habituales para el resto de los turistas.

Algunos parques nacionales argentinos aplican un descuento especial para residentes del país, y un descuento aún mayor para los de la provincia en que está localizado el parque. Una manera indirecta de cobrar un precio mayor a los extranjeros que visiten el parque.

¿Qué dice la ley acerca de este tipo de prácticas? En la Argentina, la Ley de Defensa del Consumidor[16] establece que "…no podrán ejercer sobre los consumidores extranjeros diferenciación alguna de precios, calidades técnicas o comerciales (…). Cualquier excepción a lo señalado deberá ser autorizada por la autoridad de aplicación en razones de interés general debidamente fundadas". La última frase deja una puerta abierta a este tipo de prácticas en algunas situaciones. Sin embargo, un requisito fundamental de los precios segmentados es que nunca deben ser percibidos como injustos por quienes deben pagar el mayor precio. Por lo general, nadie cuestiona que un jubilado tenga una tarifa menor en algunos servicios. En este caso, ningún extranjero debería cuestionar que los residentes locales paguen un precio menor. Sin embargo, esto en la realidad no siempre ocurre, ya que muchos extranjeros se sienten perjudicados por este tipo de prácticas. Estas cuestiones son las que marcan la diferencia entre una segmentación de precios bien aplicada y un mero artilugio para aprovecharse de los turistas extranjeros.

---

16. Artículo 8 bis de la Ley N° 24240 de Defensa del Consumidor de Argentina.

Los secretos de los precios en las líneas aéreas

Las técnicas de precios de avanzada, denominadas revenue management, *permiten aprovechar al máximo las oportunidades en el
convulsionado mercado de las aerolíneas.*

Juan se acomodó en su asiento, dispuesto a disfrutar del
vuelo. Había organizado con tiempo sus vacaciones. El pasaje lo había comprado con tres meses de anticipación, a través de Internet. El avión se encontraba completo. A su derecha estaba sentado un hombre con una carpeta llena de
papeles y un gran maletín con una notebook. Algunos minutos más tarde, ambos estaban conversando animadamente.
Con curiosidad, Juan le preguntó cuánto había pagado el
pasaje. El hombre lo había comprado la tarde anterior, ya
que un cambio de planes de su empresa lo había obligado
a asistir inesperadamente a una feria internacional. Para
sorpresa de Juan, el precio pagado era casi el doble que el
suyo, aun cuando ambos viajaban dentro de la misma clase.
Intrigado por esta notable diferencia, decidió también realizar la misma pregunta a otras personas sentadas en las pro-
ximidades. Las respuestas, en casi todos los casos, fueron
precios diferentes. ¿Cuál es la razón de semejante variedad
de precios?, se preguntaba intrigado Juan. Al fin y al cabo,
todos recibían igual servicio, por lo que los costos de la
empresa aérea eran exactamente los mismos.

Lo que Juan no sabía es que, en mercados desregulados,
las compañías aéreas utilizan ampliamente una estrategia de
precios dinámicos denominada *revenue management* (en español: gestión o administración de ingresos).

El objetivo de esta estrategia es maximizar los ingresos
generados por la venta de un cierto stock de un producto
perecedero o un servicio. Por sus características, sería imposible pensar en almacenar, por ejemplo, pasajes de avión de
una determinada fecha para ser vendidos luego. Lo que no

110

logró venderse a tiempo, se pierde, y es una oportunidad de generar ingresos adicionales desaprovechada. Es importante considerar también que en sectores como el de las líneas aéreas, la mayor parte de los costos son fijos, es decir, que no dependen de la cantidad de pasajes vendidos. En esta categoría están los costos de combustible, mantenimiento o tripulación, que serán los mismos independientemente del nivel de ocupación de cada vuelo. Por lo tanto, el objetivo de maximizar el ingreso posible de la venta de los pasajes de un cierto vuelo es equivalente a tratar de obtener los mayores resultados económicos, ya que los costos no varían significativamente con el nivel de ocupación del avión.

Para cumplir con este objetivo, las aerolíneas utilizan sistemas de ventas de pasajes con precios variables en el tiempo. Los precios se ajustan en forma dinámica, en función del tiempo restante para la partida del vuelo y la cantidad de asientos que aún no han sido vendidos. En condiciones de demanda normales, el sistema consiste básicamente en ofrecer descuentos a clientes que compran sus pasajes con anticipación, y reservar un cierto número de asientos para ser vendidos a último momento, sin descuento. Estas ventas de último momento suelen ser las más rentables, ya que por lo general se trata de pasajeros que necesitan viajar en dicho vuelo de manera impostergable, por lo que su sensibilidad al precio es mucho menor que la de los viajeros que reservan con anticipación. La principal incógnita es determinar la cantidad de asientos que debe permanecer reservada para último momento. No es posible aplicar una regla simple, como reservar un porcentaje fijo de asientos en cada vuelo, ya que el comportamiento de la demanda varía significativamente en función de diversos factores, como el destino, la época del año, el día de la semana, la hora del vuelo y otras cuestiones relacionadas. La complejidad de las diversas variables que intervienen simultáneamente en muchos casos requiere la aplicación de un software especializado para determinar las reglas de asignación del inventario de asientos disponibles en cada vuelo, y sus respectivos precios. Esto originó el desarrollo de sistemas informáticos cada vez más complejos que dieron lugar al surgimiento del *revenue management* como una estrategia de precios especializada para este tipo de sectores.

Es tal el dinamismo del mercado, que requiere estrategias de precios flexibles para hacer frente a situaciones muy cambiantes. Por ejemplo, ante una importante caída de demanda de pasajes para un cierto vuelo, en lugar de aplicarse precios superiores a los viajeros de último momento se ofrecen increíbles descuentos para quienes estén dispuestos a ocupar los asientos disponibles. Es así como a menudo existen ofertas de pasajes a precios irrisorios. La condición para aprovechar este gran descuento es que los viajeros cuenten con la flexibilidad suficiente para acomodar su viaje con muy poca anticipación. De algún modo, la empresa aérea prefiere tener al menos un pequeño ingreso, antes que resignarse a que dichos asientos queden vacíos.

Nuevas aplicaciones

El éxito del *revenue management* en las aerolíneas ha estimulado el desarrollo de aplicaciones similares para otros sectores, que comparten ciertas características en común con la venta de pasajes aéreos. En todos los casos se trata de empresas que no pueden almacenar lo que ofrecen, y que a la vez cuentan con una capacidad limitada de oferta. También ocurre que estas empresas tienen clientes con diferente sensibilidad al precio, lo que fundamenta la aplicación de precios diferentes para estimular la demanda. Es así como el *revenue management* también se está empleando con éxito en sectores como la hotelería, el alquiler de vehículos, pasajes en cruceros y hasta en las entradas para espectáculos, entre otros casos.

El desarrollo del *revenue management* es otra señal de la evolución de las decisiones de precios en las empresas. Nuevos enfoques, superadores de las decisiones de precios únicamente basadas en los costos, o en los precios de los competidores, están permitiendo abrir nuevas perspectivas en diferentes sectores de actividad.

¿Por qué muchos precios terminan en nueve?

Las decisiones de compra no son estrictamente racionales, ya que existen factores psicológicos que ejercen una gran influencia. Veamos cómo incide el viejo truco de los dígitos finales del precio en la decisión de compra.

"¿$ 0,99 o $ 1?", era el dilema de Juan para definir los precios de una nueva línea de lápices que ofrecería en su librería. Acostumbrado a compartir muchas decisiones del negocio con su novia, Juan lo comentó con quien también era su socia. Sin embargo, la respuesta recibida no fue nada agradable:

—¡Tenemos mil cosas más importantes que definir en la librería antes que una diferencia de un centavo! Además ya casi ni existen las monedas de un centavo.

¿Pérdida de tiempo o una decisión clave para generar ventas?

Para muchos clientes, la diferencia entre $ 0,99 y $ 1 es mucho más que un centavo. No es necesario ser experto en *pricing* para darse cuenta de que, en muchos productos y servicios, los precios terminados en 9 o 90 tienen un atractivo especial, particularmente para los clientes más sensibles al precio. Para analizar esta situación, es conveniente considerar que el precio es una variable con importantes componentes psicológicos. Existe una alta subjetividad en las percepciones. Una mínima diferencia puede tener una enorme incidencia en las ventas.

El consenso de las investigaciones realizadas indica que definir los dígitos finales del precio tiene un impacto muy importante en la respuesta de los clientes. Hay dos corrientes para explicar el fenómeno de los precios terminados en nueve, que en gran medida podrían considerarse explicaciones complementarias.

Por un lado, una serie de estudios[17] indica que cuando las empresas intentan comunicar que un producto representa una oportunidad, o una "ganga" para los clientes, los precios tienden a terminar generalmente en 9 o 90 (por ejemplo, $ 1,99, $ 299 o $ 990). Por el contrario, si se intenta comunicar principalmente calidad superior o características especiales, entonces es más frecuente optar por precios terminados en cero, particularmente números enteros (por ejemplo, $ 2, $ 300 o $ 1.000). Estamos acostumbrados a ver ofertas de supermercados con precios terminados en 9; sin embargo, no esperaríamos ver precios con estas terminaciones en una joyería. Así, la gran diferencia radica en el posicionamiento que se pretenda dar al producto. Aun dentro del mismo supermercado, es habitual observar que las marcas *premium* eligen con menor frecuencia la terminación en nueve para sus precios, para reforzar su posicionamiento de calidad superior.

Por otro lado, una corriente de investigación alternativa[18] sostiene que por razones de tiempo, capacidad limitada de cálculo y economía de esfuerzo las personas tienden a leer los precios desde los dígitos de la izquierda hacia la derecha, con un nivel de atención decreciente. Es decir que los clientes suelen concentrarse en los primeros dígitos del precio para evaluar la conveniencia de una cierta compra. Por esta razón, las empresas se preocupan por asegurar que los primeros dígitos del precio sean lo más bajos posible. Aunque

17. Mohammed, Rafi: *The Art of Pricing: How to Find the Hidden Profits to Grow Your Business.* Crown Business, New York, 2005.
18. McKenzie, Richard: *Why Popcorn Costs So Much at the Movies: And Other Pricing Puzzles.* Springer, New York, 2008.

para resignar menos en términos de rentabilidad, el 9 con frecuencia es el protagonista de los dígitos finales de los precios exhibidos. Supongamos que una etiqueta indica un precio de $ 399. Al leerse el número, por lo general los clientes tienden a concentrar su atención en los primeros dígitos, en este caso es el "3" el que indica que el precio está en el "rango de los $ 300", en lugar de alcanzar el "rango de los $ 400", como ocurriría si el precio establecido fuera de un $ 1 más, con lo que llegaría efectivamente a los $ 400. Utilizar el 9 cómo dígito final permite posicionar el precio en un escalón menor, sin quebrar la barrera psicológica que supone llegar al escalón siguiente ($ 400 según el ejemplo), cuyo impacto en la decisión de compra es más determinante que el ínfimo porcentaje que representa el aumento en el precio.

En síntesis, lo que objetivamente es una diferencia insignificante en el precio, puede convertirse en una diferencia fundamental en la percepción de los clientes. Por lo tanto, será tiempo bien invertido el que se destine a definir los precios, sin descuidar los dígitos finales, para lograr un posicionamiento adecuado de sus productos y servicios.

Precios con asterisco

La utilización de precios particionados, es decir la práctica de informar el precio base más recargos por otros conceptos, tiene notables efectos en la conducta de compra de los clientes. Algunas investigaciones revelan los secretos de esta táctica comercial.

El folleto de la agencia de viajes era muy atractivo. Sin embargo, Juan observó que todas las ofertas indicaban, en letra más pequeña, que los precios no incluían impuestos ni gastos adicionales, los cuales se detallaban por separado. Comenzó a hacer memoria, y recordó haber pasado varias veces por situaciones similares. Al consultar el precio de un auto, le indicaron que no incluía flete ni gastos de patentamiento, y al hacer una compra por Internet, solamente en el paso anterior a la realización del pago, se enteró cuánto sería el recargo por envío. Todos los casos tenían una condición en común: los gastos adicionales eran imposibles de evitar para el comprador, es decir que no se trataba de opcionales. Entonces, ¿por qué las empresas indicaban estos cargos por separado del precio base?

Estudios realizados por investigadores de las universidades de Nueva York y Columbia[19] permitieron formalizar algunas cuestiones de esta práctica comercial de larga data, conocida técnicamente como precios particionados. Las conclusiones fueron que la intención de compra es mayor cuando se aplican precios particionados, especialmente si el recargo es bajo, y aún más si se expresa como un porcentaje. Sin embargo, a medida que la magnitud relativa del recargo crece en relación con el precio base, los clientes prestarán más atención al recargo y el efecto de los precios particionados sobre la demanda se reduce. Es más, cuando el recargo es proporcionalmente muy significativo en relación con el precio base, el efecto podría ser peor que presentar el precio total. Los clientes en este último caso advertirían que se trata de una manera exageradamente engañosa de comunicar el precio.

Sorprende ver que, en algunos casos, aun cuando se indica de forma clara el precio total a continuación del precio base y el recargo, la intención de compra suele ser mayor que la habitual.

Los estudios sostienen que la razón que explica esta conducta de los clientes es la tendencia a concentrar la atención en un único componente del precio, cuando se enfren-

---

19. Morwitz, Vicki; Greenleaf, Eric; Shalev, Edith y Johnson, Eric: "The Price Does Not Include Additional Taxes, Fees, and Surcharges: A Review of Research on Partitioned Pricing", en: *Social Science Research Network*, February 26, 2009.

tan con un precio multidimensional (precio base más otros componentes). Por ejemplo, al comprar un producto en forma financiada, el cliente tiende a concentrar su atención en el pago mensual, relegando otros factores, como la cantidad de cuotas o los costos administrativos adicionales. El componente del precio que es más importante para el cliente produce una especie de "ancla" que afecta el procesamiento de la información adicional, y le produce una percepción sesgada del precio a pagar.

Las empresas persiguen dos objetivos principales mediante esta práctica. Por un lado, generar una percepción (ficticia) de menor costo para el cliente, quien en general suele concentrar su atención en el precio base, que es el componente principal del importe a pagar. Complementariamente, algunas empresas intentan comunicar que el recargo obedece a factores fuera de su control, como es el caso de impuestos o servicios prestados por terceros, y de esta manera "deslindar" responsabilidades. En algunos casos, por ejemplo, se informa el precio base por un lado, y el IVA (impuesto al valor agregado) correspondiente por separado. Dado que los mercados no son completamente transparentes ni los consumidores totalmente racionales, las empresas encuentran espacios para este tipo de prácticas, que muchas veces ya forman parte de los usos y costumbres en ciertos sectores.

Pero todo tiene un límite. Considerando que los excesos en esta práctica pueden ser notablemente perjudiciales para los clientes, la autoridad pública suele intervenir en ciertas situaciones. Habitualmente, las intervenciones consisten en establecer regulaciones sobre la manera de comunicar los precios, de forma que los clientes cuenten con información clara al momento de decidir. Por lo tanto, las empresas que consideren oportuna la aplicación de precios particionados deben tener en cuenta la legislación local relacionada con este tipo de prácticas.

¿Qué hay detrás de la reventa de entradas?

Las avanzadas técnicas dinámicas de fijación de precios –como el revenue management, *aplicado por las aerolíneas, pueden ser la solución al problema del mercado paralelo de reventa de entradas.*

Luego de hacer una fila interminable por largas horas, a poco de llegar a la boletería, Juan escucha a un policía que anuncia, con tono nada amable, que se han agotado las entradas. Increíble, faltaba tan poco. Tan pronto como los desilusionados compradores comienzan a dispersarse, como fantasmas entre la multitud aparecen los primeros revendedores.

¿Por qué existe la reventa de entradas en espectáculos de gran popularidad? ¿Por falta de control? La respuesta es: no. Fundamentalmente se debe a una estrategia de precios mal ejecutada por parte del organizador del evento.

Si existe gente dispuesta a pagar los generalmente exorbitantes precios que se cobran durante la reventa, significa que los organizadores perdieron una oportunidad de obtener ingresos adicionales (a menos que fuéramos mal pensados e imagináramos que existió connivencia entre organizadores y revendedores).

El objetivo de la estrategia de precios para un espectáculo debería ser aprovechar adecuadamente la capacidad de las instalaciones para generar el máximo nivel de ingresos posible. Una prueba de que eso se haya conseguido es que quede solo una persona que quiera comprar un tique para un show cuando ya se han vendido todos. Si hay más de una persona que haya quedado fuera, esto indica que el precio podría haber sido mayor (aquí aparece la reventa), mientras que si quedan entradas sin vender, indicaría que el precio ha sido demasiado alto, al menos para una parte de los potenciales clientes.

La gran incertidumbre que representa prever la demanda de un cierto espectáculo hace que dicho equilibrio no sea fácilmente alcanzable. Sin embargo, las técnicas de fijación de precios dinámicos, denominadas *revenue management*, ampliamente utilizadas por las aerolíneas, podrían ser de gran ayuda para los espectáculos. Las líneas aéreas apelan a sofisticadas técnicas para definir el precio de cada asiento en función del tiempo que resta para el vuelo y la capacidad que aún queda disponible. Al igual que un pasaje de avión, la entrada a un espectáculo es un bien perecedero, es decir que no puede almacenarse, y representa una oportunidad de generar ingresos que se perderá si no se vende antes del momento del espectáculo.

No sería extraño que dentro de poco, al conversar con quienes se encuentren a nuestro alrededor disfrutando del espectáculo, averigüemos que todos han pagado un precio diferente, según el momento en que hayan adquirido la entrada. Esto significará que el *revenue management* habrá llegado al mundo del espectáculo.

Cuanto más caro, ¿mejor?

El precio puede ejercer efectos sorprendentes en la percepción de valor de los clientes. Los aportes de la neuroeconomía ayudan a comprender mejor este fenómeno.

"Caro, pero el mejor", sostenía un recordado eslogan de la empresa Grundig, muy difundido en la Argentina en los años '80, o "Lo barato sale caro", reza un conocido refrán popular. Estas frases han tenido, y aún tienen, una gran influencia en la conducta de compra de muchas personas. De alguna manera, reflejan el fuerte vínculo que siempre ha existido entre el precio y la calidad percibida de los productos o servicios que se consumen.

Comerciantes y expertos en marketing han confiado por igual durante años en este tipo de argumentos para apoyar sus estrategias, especialmente al momento de competir con productos o servicios de menor precio. La avalancha de productos de importación provenientes de China ha sido uno de los destinatarios preferidos de esta clase de frases, con el objetivo de convencer a los clientes que no siempre resulta buen negocio pagar el menor precio.

Precios, vino y placer

Aunque resulte sorprendente, el precio puede influir no solo en la conducta de compra, sino también en el placer que se siente al momento de consumir un cierto producto o servicio. Antonio Rangel, un experto en el incipiente campo de la neuroeconomía, profesor del California Institute of Technology (Caltech), realizó un curioso estudio junto con un grupo de colaboradores[20]. Su objetivo era medir la actividad en la zona del cerebro (córtex orbitofrontal) relacionada con las sensaciones placenteras mientras los participantes del estudio probaban vinos de diferentes niveles de precios.

El estudio reunió a un grupo de voluntarios, a quienes se les hizo probar vinos de diferentes precios mientras se controlaba mediante un resonador magnético funcional (FRMI) la región del cerebro relacionada con las sensaciones placenteras. Los cinco vinos a probar poseían etiquetas con diferentes niveles de precios, aunque en realidad había solamente tres variedades, ya que dos pares de vinos mostraban precios diferentes pero tenían el mismo contenido. A pesar de esto, en todos los casos los participantes respondieron, y eso fue verificado simultáneamente por el resonador magnético, que les causaba mayor placer consumir los vinos de

---

20. Plassmann, Hilke; O'Doherty, John; Shiv, Baba y Rangel, Antonio: "Marketing actions can modulate neural representations of experienced pleasantness", en: *PNAS*, January 2008.

mayor precio, aunque ignoraban que en muchos casos se trataba del mismo vino, con la única diferencia de la etiqueta, que mostraba otro precio. En otro experimento paralelo, relacionado con este estudio, los sujetos probaron los vinos pero sin ninguna información de precios y, sorprendentemente, los de menor precio obtuvieron la calificación más alta.

Según las conclusiones del estudio, quedó de manifiesto que el precio ejerce una gran influencia en la codificación cerebral del placer. Si bien no se trata del único factor que interviene, su impacto no resulta para nada despreciable. Un dato que sin dudas agradecerán mucho los cultores de las líneas *premium* y quienes tengan como frases de cabecera las mencionadas al comienzo del artículo.

Comunicación de valor

Además de su rol fundamental en los resultados económicos de la empresa, las decisiones de precios actúan como un poderoso mecanismo de comunicación dirigido a los clientes actuales y potenciales. Por lo tanto, debe tenerse sumo cuidado en que el mensaje que se esté comunicando por medio del precio se encuentre perfectamente alineado con la estrategia comercial de la empresa.

Si intento comunicar que soy el mejor técnico en reparación de computadoras, pero mis honorarios son notablemente inferiores a los del promedio del mercado, es probable que mis clientes, en especial aquellos que todavía no me conocen, desconfíen de la calidad de mi trabajo.

Este rol del precio es particularmente relevante en contextos donde los clientes tienen información limitada para tomar una decisión de compra, es decir que no conocen en profundidad el producto o servicio. En estos casos, el precio resulta ser una de las variables de mayor peso en las decisiones de compra, a falta de otros elementos para evaluar la conveniencia de las distintas alternativas. Por ejemplo, es el caso de los servicios o los productos complejos, donde es difícil que el comprador pueda evaluar anticipadamente la calidad, ya que por lo general no pueden probarse antes. Entonces el precio puede ser el único indicador utilizable por el cliente para tomar la decisión de compra.

En situaciones en que los consumidores tienen gran experiencia en la compra del bien o en transacciones entre empresas, conocidas como *business-to-business*, cuando participan compradores profesionales, el rol del precio como elemento de comunicación de valor tiende a reducirse. Ocurre que en estos casos los compradores conocen casi tanto del producto o servicio como los vendedores, por lo que la transacción se basa en cuestiones mucho más objetivas, como especificaciones técnicas o planos. Cuando ocurre este tipo de situaciones, suele decirse que se produce una "comoditización" del producto o servicio, ya que resulta mucho más difícil diferenciarlo de lo que ofrecen otras empresas. Por lo tanto, cabe esperar que el comprador tenga mayor poder de negociación y la venta la realice quien ofrezca el menor precio. En virtud de estas experiencias, cada vez más las empresas comienzan a considerar las decisiones de precios como parte fundamental de su estrategia de comunicación y posicionamiento, complementadas con las herramientas tradicionales como la publicidad y promoción.

Lionel Messi y el valor de los resultados

Una excesiva concentración en el tiempo de trabajo y los costos ha dominado tradicionalmente las decisiones de precios. Sin embargo, es bueno preguntarse: los clientes, ¿compran realmente tiempo de trabajo?

Si expresamos su ingreso en función del tiempo de trabajo en su club, Lionel Messi cobra US$ 7.000 por hora[20].

21. Considerando un contrato anual (2009) de 10 millones de euros y dividiéndolo por un total estimado de 2.000 horas trabajadas por año (8 horas

Sin embargo, poco le importa al Barcelona FC el precio por hora de Messi. Los enormes resultados deportivos (y consecuentemente económicos) esperados por sus deslumbrantes actuaciones justifican el jugoso contrato del rosarino con el club español. Todo esto, aun cuando solo sean unos pocos minutos de inspiración por partido, le permite hacer una gran diferencia en el campo de juego, y en su bolsillo.

Esto nos ayuda a avanzar sobre una idea de amplio alcance: los clientes no compran tiempo de trabajo, compran resultados. Esto lo comprenden los clubes de fútbol, y gradualmente comienzan a entenderlo muchas empresas y profesionales. Concentrarnos en el tiempo de trabajo o el esfuerzo realizado para determinar el precio de un producto o servicio representa tomar un parámetro sumamente limitado y engañoso. Aunque nos pese reconocerlo, los clientes son totalmente indiferentes al sacrificio que realicemos. El tiempo de trabajo, un concepto emparentado con los costos, es una variable interna que nada nos dice acerca del valor que representa lo que nosotros hacemos para nuestros clientes.

Ronald Baker, un contador estadounidense devenido en prestigioso consultor, frustrado por el excesivo peso que su profesión le otorgaba a la planilla de horas trabajadas para fijar los honorarios, inició una cruzada para abolir definitivamente esta práctica[22]. Su posición es que las horas trabajadas son un indicador que nada tiene que ver con el valor generado para el cliente. Por lo tanto, nunca pueden ser la guía fundamental para determinar los honorarios profesionales. Asimismo, afirma que cobrar según el tiempo de trabajo lleva a una "comoditización" de los servicios ofrecidos, ya que el cliente percibe estar comprando tiempo, en lugar de resultados.

---

diarias por 250 días de trabajo). No incluye ingresos adicionales por premios y contratos publicitarios.

22. Baker, Ronald: *Burying the Billable Hour*. ACCA: The Association of Chartered Certified Accountants United Kingdom, London, 2001.

Así, es un gran desafío encontrar parámetros o "métricas" que permitan asociar el precio con el resultado obtenido para el cliente. Al asociar el precio al valor que recibe cada cliente, las empresas pueden generar propuestas más atractivas, dado que en último término se está pagando por satisfacer una cierta necesidad. El primer paso es comprender cuáles son los factores más valorados por los clientes, y luego establecer un esquema de precios (fijo o variable) relacionado con esos factores.

Por ejemplo, cuando una empresa contrata publicidad, su objetivo es vender más. Algunos medios y agencias están realizando contratos publicitarios donde el precio a pagar está en función del cumplimiento de algún tipo de objetivo de ventas o consultas recibidas. Google, por ejemplo, cobra a sus anunciantes según la cantidad de *clics* (visitas) que realicen los usuarios en los avisos publicados en la web. También en el caso de la publicidad, muchas empresas patrocinadoras de deportistas establecen en los contratos premios (pagos adicionales) cuando se logren ciertos resultados deportivos que le permitan al auspiciante tener una mayor visibilidad.

Algunos contratistas de la construcción establecen su precio relacionándolo con una fecha de finalización de obra, y definen un esquema de descuentos adicionales en caso de que ocurriesen retrasos. Por ejemplo, si la entrega del trabajo finalizado se demora en una semana, el cliente tiene derecho a un 5% de descuento adicional, y así sucesivamente. Si el cliente valora mucho la puntualidad, este es un esquema de precios vinculado estrechamente a los resultados esperados.

En definitiva, pensar en resultados en lugar de tiempo de trabajo al momento de definir los precios a cobrar será un gran paso adelante tanto para las empresas como para los clientes.

Todo por (casi) un dólar

¿Es posible hacer dinero si se vende una gran variedad de productos al mismo precio? Este modelo de negocios es conocido como single price *y ha sido desarrollado con éxito por algunas empresas.*

La receta es sencilla. Primero hay que encontrar un precio único de alto impacto, que sea atractivo para una gran masa de clientes. A continuación, hay que llenar el local con tantos productos y variedades como sea posible, con el precio definido. Esta fue la fórmula aplicada por los famosos comercios "Todo por dos pesos", que tuvieron su auge en la Argentina de los años '90, durante la vigencia del modelo económico de convertibilidad (tipo de cambio fijo, con paridad uno a uno entre la moneda local y el dólar). Este formato, especialmente orientado a vender productos importados de bajo precio, cayó en desgracia por las presiones inflacionarias que desdibujaron el pilar de su estrategia, el otrora "poderoso" billete de dos pesos. Algunos de esos locales se reconvirtieron, ampliando su espectro de precios, aunque perdieron en gran medida su esencia: la transparente promesa de un precio único y tentador. ¿Es realmente factible este modelo de negocios a largo plazo o simplemente se trata de una ilusión pasajera?

En los Estados Unidos existe una cadena llamada "99 cents Only Stores", que justamente comercializa todos sus productos a casi un dólar. Es la precursora del formato *single price* (precio único) y fue fundada en 1982. Su crecimiento ha sido impresionante. Tiene 271 locales, y en 2008 alcanzó una facturación de 1.200 millones de dólares.

Esta cadena apunta a dos segmentos de clientes principales: los consumidores más sensibles al precio, es decir, aquellos que comparan cuidadosamente precios antes de comprar, y a las personas que ingresan a los locales por diversión o curiosidad, en busca de alguna ganga.

Aunque ha logrado sostener en el tiempo su estrategia de precio único, no todo ha sido color de rosa. De hecho, algunos de sus competidores han abandonado la esencia de este modelo, e incorporaron artículos de precios superiores debido a las presiones inflacionarias. Sin embargo, "99 cents Only Stores" se mantiene firme en su estrategia, apostando a la magia y el atractivo de los 99 centavos. El único cambio realizado hasta el momento ocurrió en septiembre de 2008, cuando decidió subir menos de un centavo los precios, que ahora son 0,999 centavos (aún no llega a un dólar) por artículo.

La viabilidad de este modelo de negocio está sujeta en gran medida a la evolución de la inflación, por lo que su continuidad ha sido posible, no sin contratiempos, solamente en algunos países del hemisferio norte.

¿Será posible revivir en algún momento este formato en América Latina, mediante algún nuevo precio mágico para los clientes?

Lo mismo, pero más barato

La forma como se comunican los precios tiene un impacto notable en la percepción de los clientes. Con una gran dosis de ingenio, algunas empresas tratan de sacar provecho de esta situación.

El vendedor de servicios bancarios se esforzaba en convencer por teléfono a Juan, quien no quería sumar otro gasto fijo al resumen de su tarjeta de crédito. Antes de colgar, jugó su última ficha, cambió el marco de referencia de la propuesta:

—Señor, piense que este seguro contra robos en cajeros automáticos le cuesta menos de 20 centavos por día.

Juan hizo un breve silencio, y reflexionó que en realidad eso era menos que las monedas que diariamente perdía. Lo que al principio había relacionado con un nuevo gasto fijo mensual se transformaba en una insignificante inversión diaria. Así, aun algo desestabilizado por el nuevo razonamiento, terminó por acceder a la propuesta del vendedor.

La manera como los clientes perciben el precio tiene una gran importancia en la decisión de compra. Por esta razón, las empresas se esfuerzan por encontrar la forma más ventajosa de comunicar y presentar sus precios.

En ciertas ocasiones se intentan cambiar los precios de referencia al modificar el tamaño en la presentación del producto. Se dificulta así la comparación de precios. Sin embargo, en algunos países esto ha sido parcialmente solucionado por la legislación que exige a los comercios que exhiban información sobre el precio por unidad de medida del producto. Esto último hace un poco más transparente la información y facilita la comparación entre las diferentes marcas y presentaciones.

Sin embargo, algunas empresas van más allá, y sin cambiar las presentaciones ni transgredir la ley inducen al cliente a pensar el precio en otros términos. En este esfuerzo, la elección de la unidad de medida del precio no es una cuestión trivial. Así, podemos observar formas cada vez más ingeniosas de comunicar el valor. Por ejemplo, la factura de $ 120 por bimestre de energía eléctrica indica también que el consumo diario ha sido de $ 2. Un limpiador en crema declara que el precio es de solo $ 0,15 por aplicación para renovar un objeto muy descuidado, o un shampoo femenino indica que por $ 0,50 por lavado se puede ahorrar grandes gastos en la peluquería. De esta manera, a partir de una nueva unidad de medida para expresar el precio se intenta que los clientes perciban un sacrificio económico menor que el originariamente considerado.

Una vez más, nada es caro o barato de por sí. Cuando se cambia el contexto donde se evalúa el precio, pueden lograrse notables efectos en las decisiones de compra.

¿Por qué las palomitas de maíz son tan caras en el cine?

La explicación clásica del comportamiento monopólico del cine no es suficiente para fundamentar el alto precio de las palomitas de maíz dentro de las salas. Veamos una nueva interpretación de este fenómeno desde la óptica de la segmentación de precios.

Juan no dejaba de lamentarse por el alto precio que había pagado por la bolsita de palomitas de maíz. Sin embargo, se trataba de una tentación irresistible cada vez que concurría a ver una película. Era difícil para él imaginarse en el cine sin palomitas de maíz. ¿Le resulta familiar esta situación?

Uno de los temas que más ha desvelado a los economistas, además de la distribución del ingreso, la inflación y otros grandes dilemas, es intentar explicar por qué los cines cobran tan caro las palomitas. Hay libros con capítulos enteros que tratan sobre este curioso tema. De hecho, el profesor Richard B. McKenzie, de la Universidad de California, Irvine, publicó en 2008 un libro titulado *¿Por qué las palomitas son tan caras en el cine?*[23].

Casi todo el mundo sabe que el precio de las palomitas en el cine es, al menos, el doble que en cualquier puesto callejero. De hecho, su presentación promedio tiene generalmente casi el mismo precio que la entrada al cine. La explicación tradicional es que el cine tiene una demanda cautiva, y actúa como un monopolista que intenta cobrar un precio tan alto como le sea posible, ya que quienes comen palomitas de maíz no tienen otra alternativa.

Pero entonces, ¿por qué los cines no actúan de igual manera con las películas, ya que en muchos casos también tienen un monopolio sobre su exhibición? Bueno, el razonamiento económico indica que todo forma parte de una estrategia de segmentación de precios. En lugar de cobrar

---

23. McKenzie, Richard: *Why Popcorn Costs So Much at the Movies: And Other Pricing Puzzles.* Springer, New York, 2008.

precios más altos por las entradas, que seguramente dejarían fuera a muchos de los actuales concurrentes, los cines extraen un beneficio adicional de las personas que, además de gustarles las películas, se sienten particularmente tentados por acompañarlas con palomitas (u otros alimentos y bebidas vendidos en la sala). De esta manera, se cobran precios diferentes a quienes solo quieren disfrutar de una película, por lo que harán frente a un precio relativamente bajo con respecto a quienes quieren disfrutar de una película con palomitas, que pagarán un precio significativamente más alto. Esto a pesar de que el costo adicional para el cine sea solo levemente superior, ya que el margen de rentabilidad de las palomitas es muy alto. De hecho, el grueso de los beneficios de los cines proviene de estas ventas complementarias, lo que explica el interés por generar una alta concurrencia conteniendo el precio de las entradas u ofreciendo promociones sobre ellas, para poder vender a buena parte de los espectadores estos tentadores *snacks* que reportan un jugoso beneficio adicional. ¡Palomitas por la noticia!

El precio de la novedad

En el mercado de la tecnología, nadie se sorprende al ver cómo se reducen los precios de los productos novedosos, a medida que transcurre el tiempo desde el lanzamiento. Sin embargo, las razones de estos recortes de precios no siempre son correctamente interpretadas. ¿Son los costos el principal determinante de esta práctica?

Con gran emoción Juan desenvolvió su flamante notebook. Había estado esperando durante meses el lanzamiento de este modelo especial que tenía un procesador de última generación y se anunciaba como el más avanzado del mercado. Poco tiempo después, Juan observó sorprendido que su notebook ahora se publicitaba como oferta, en diferentes

129

locales, con hasta un 25% de descuento en el precio. Algo decepcionado, trató de consolarse con la explicación que alguna vez había oído acerca de que las ventas masivas alcanzadas con el transcurso del tiempo permitían reducir costos. Pero, ¿es realmente esa la razón del alto precio de los productos cuando son novedad?

La explicación clásica sostiene que los precios se reducen por efecto de las economías de escala y experiencia. Es decir, que los crecientes volúmenes de venta y las ganancias de eficiencia que consigue la empresa a lo largo del tiempo permiten reducir los costos de producción y, consecuentemente, los precios de venta. Asimismo, podrían aparecer en el mercado competidores que ofrecen productos con características similares y refuerzan la presión descendente sobre los precios. En general, esta tendencia se acelera a medida que nos alejamos de la fecha de lanzamiento de un cierto producto, y es muy marcada especialmente en los artículos de tecnología.

Sin restar validez a los argumentos anteriores, podríamos decir que en realidad estas explicaciones no son completas. La caída de los precios no está fundamentada solamente por una cuestión de costos decrecientes o presión competitiva. En realidad, las empresas basan esta decisión en una estrategia de segmentación temporal de precios relacionada con el ciclo de vida del producto. De hecho, se trata de una medida que seguiría siendo conveniente aun cuando los costos no cambiaran, ni apareciera ningún competidor relevante.

Quienes compran el producto apenas es lanzado son los clientes que más valoran tener "la novedad". Generalmente se trata de personas poco sensibles al precio. Estos clientes pagarán un precio más alto como reflejo de su mayor valoración del nuevo producto. Mientras que quienes están dispuestos a esperar, superando la barrera temporal establecida por la empresa, pagarán menos, de acuerdo con su mayor sensibilidad al precio.

En definitiva, se trata de segmentos, o grupos, de clientes diferentes, a quienes se les cobra un precio acorde con su valoración del producto, la cual está relacionada con la ansiedad por tener la novedad en sus manos.

La magia de los porcentajes

¿Prefiere un 1% o un 50% de descuento? Analizar solo los porcentajes lleva frecuentemente a decisiones de compra erradas. La clave consiste en considerar el ahorro obtenido en términos monetarios.

Supongamos que Juan tiene la oportunidad de ahorrar $ 300 en su próxima compra. Esto puede lograrlo si se dedica a recorrer diferentes lugares donde sabe que tiene posibilidades de encontrar precios más convenientes.

En un primer caso, el objetivo de Juan es comprar un televisor cuyo precio inicial es de $ 1.000. Sin dudarlo, comienza el recorrido por diferentes comercios, en busca del lugar donde adquirir el mismo producto a $ 700. Después de todo, piensa, no cualquiera deja pasar un 30% de ahorro.

Ahora imaginemos otra situación, en la que Juan esté dispuesto a comprar un televisor de última generación cuyo precio inicial es de $ 10.000. Sabe que, averiguando en diferentes locales especializados, puede llegar a pagar el mismo producto $ 9.700. Sin embargo, en esta oportunidad Juan se siente mucho menos atraído por el posible ahorro que en la situación anterior. Esto significa que es menos probable que comience su recorrida en busca del menor precio. ¿Cuál es la diferencia entre ambas situaciones?

Este comportamiento puede atribuirse a que en el primer caso la diferencia de precios percibida es del 30%, mientras que en el segundo es solo del 3%, a pesar de que en ambas situaciones el "ahorro de bolsillo" es exactamente el mismo: $ 300.

Este ejemplo indica una vez más que las decisiones de compra no son, en general, tan racionales como podría suponerse. En términos objetivos, y desde la racionalidad económica, el ahorro en dinero es exactamente el mismo, por lo que cada cliente debería reaccionar de igual manera en ambos casos. Sin embargo, en la práctica, más son las personas que buscan el ahorro en la primera situación que en la segunda.

Diferentes investigaciones basadas en la psicología del consumidor, indican que los compradores tienden a percibir las diferencias de precios en términos proporcionales (porcentuales), y no en valores absolutos. Las diferencias de precios porcentuales son priorizadas al analizar las alternativas de compra, aun cuando el efecto sobre el presupuesto del consumidor indicaría que el valor relevante es simplemente la diferencia en dinero.

Un consejo para cuidar el bolsillo: comparar siempre los ahorros en valores absolutos, que es el dinero que efectivamente afecta a nuestro presupuesto. Olvídese de los porcentajes, que solo son una ayuda para interpretar diferencias y proporciones. ¿Prefiere un 50% de descuento en una caja de fósforos o un 1% en el precio de un auto?

La ubicación que define la venta

La disposición del producto en el local de venta es clave para influir sobre la percepción de precios de los clientes. ¿Qué tipo de tácticas emplean las empresas para lograr la percepción más favorable?

¿Cómo sabemos si algo es caro o barato? Principalmente comparando precios. Sin embargo, los consumidores tenemos una memoria muy limitada, por lo que solo recordamos con claridad unos pocos precios de las compras habituales. Esto se complica aún más en períodos inflacionarios, en los que todo cambia muy rápidamente y provoca gran deso-rientación. Entonces, ¿qué es lo que define la percepción del precio y, en último término, nuestra decisión de compra?

Los especialistas en merchandising sostienen que la forma como se expone el producto en el punto de venta es crucial. Algunos inclusive argumentan que tiene un peso mucho mayor que el de la publicidad para influir en las decisiones de compra. Lo cierto es que, dada la escasa infor-mación de precios que manejan los clientes, algo será cata-logado como caro o barato en función de la forma como se encuentra exhibido en el lugar donde se concurre a com-prar. Veamos ahora algunos ejemplos de las acciones que realizan las empresas para generar una percepción favora-ble de los productos cuya venta quieren impulsar.

En su recorrido por un local, los clientes suelen "cho-carse" con algunos artículos. Las ubicaciones privilegiadas y los grandes carteles corresponden a los productos cuya venta se quiere impulsar. En muchos casos, el propio fabricante paga un canon para lograr una ubicación especial en el local de venta. Los clientes asocian implícitamente que los pro-ductos mejor exhibidos son los que representan la mayor oportunidad. Sobran anécdotas de empresas que simple-mente por agregar un cartel de oferta, sin ajustar el precio, lograron impulsar la venta de un determinado artículo.

En el caso de las góndolas, suele rodearse el producto que se quiere impulsar de otras marcas o presentaciones de mayor precio. De esta manera, el cliente percibe que el artí-culo elegido es comparativamente barato, ya que el análisis de precios, por lo general, se realiza solo con los productos más cercanos. Esto explica también la estrategia de lanzar líneas *premium*, no con el objetivo de venderlas más, sino para generar una percepción más favorable del precio de las líneas tradicionales.

Conclusión: para definir una venta, muchas veces vale más estar en el lugar correcto que tener el precio más bajo.

Guerras de precios: la culpa siempre es del otro

Las guerras de precios suelen derivar en situaciones negativas para todos los participantes. ¿Por qué ocurren y cómo evitarlas?

"Hay que bajar los precios un 30%", fue la tajante conclusión de la reunión de directores. La respuesta no podía esperar. El gerente comercial había irrumpido en la sala, informando acerca del último movimiento del principal competidor: una reducción de precios del 30% en su línea de productos. Todos los caminos conducían a una inevitable guerra de precios. Sin embargo, la información del gerente comercial no era completa. El competidor, efectivamente, había reducido sus precios, pero se trataba de una oferta por pago anticipado, para agotar el remanente de stock de una línea de productos que en breve dejaría de fabricarse. Al mismo tiempo, el competidor anunciaba el lanzamiento de una nueva línea, que se posicionaba incluso un 5% por encima del precio original de la anterior. Sin embargo, cuando la empresa afectada descubrió estos detalles, ya era demasiado tarde. La guerra de precios ya había comenzado.

Los riesgos de un diagnóstico incorrecto

Una investigación realizada por la consultora Simon-Kucher & Partners, junto a un grupo de escuelas de negocios[24], determinó que más de la mitad de las empresas europeas estuvo involucrada en una guerra de precios durante 2009. El dato curioso es que en el 95% de estos casos las empresas declararon que un competidor había sido el culpable del inicio de las "hostilidades". Pero, ¿realmente siempre la culpa la tiene el otro? Probablemente no. Los errores de diagnóstico, como hemos visto en el ejemplo, pueden

---

24. Simon-Kucher & Partners: "Price Wars Steadily Advancing – but Someone Else is Always to Blame", en: *Press Release*, London, February 17, 2010.

generar una reacción de precios desmedida, que luego se vuelve muy difícil de revertir.

Realizar las preguntas adecuadas, en el momento justo, puede ayudar a prevenir errores de lectura de la situación, y evitar lamentables consecuencias. Entonces, antes de reaccionar, es conveniente indagar los siguientes aspectos:

1) ¿El nuevo precio es una condición de venta permanente o se trata solo de una liquidación u oferta temporaria o limitada?

2) ¿Se dirige el competidor al mismo segmento de clientes?

3) La reducción, ¿ha sido generalizada o solo afecta a una parte de los clientes, regiones o productos?

4) ¿Ha sido acompañada la acción de precios de recortes de servicios de valor agregado o restricciones en las condiciones de pago?

Los recortes de precios y sus costos

Ante un movimiento de la competencia, con frecuencia las empresas recurren a los drásticos recortes de precios. Al fin y al cabo, esta parece una respuesta sencilla y efectiva para revertir rápidamente la caída en las ventas. Sin embargo, considerando que el precio es la variable con mayor impacto en los resultados, en general, el costo de defender un cierto nivel de participación en el mercado se realiza a expensas de un gran impacto negativo en la rentabilidad. Además, se alteran los precios de referencia de los clientes, quienes no aceptarán fácilmente retornar al nivel anterior. En definitiva, todo confirma la profecía que las guerras de precios "nivelan hacia abajo", pues reducen la rentabilidad a todas las empresas del mercado, y generalmente por un período sostenido.

¿Cómo evitar las guerras de precios?

La única manera de "blindar los precios" consiste en crear una propuesta de valor especial. Así, al menos dentro de cierto rango, no habrá precio que pueda tentar a un cliente que percibe que nuestro producto o servicio excede sus expectativas. Las empresas más expuestas a una guerra de precios siempre son aquellas cuyos productos no se encuentran lo suficientemente diferenciados de lo ofrecido por los competidores. La construcción de una sólida marca es una herramienta muy importante para alcanzar este objetivo. ¿Acaso Rolex se preocupa por la cantidad de relojes que se ofrecen a precios irrisorios?

¿Cómo enfrentar una guerra de precios?

Una vez anunciada la importante reducción de precios de un competidor, en especial si se trata de un producto escasamente diferenciado, la empresa debe asumir que el objetivo será minimizar el impacto negativo en los resultados, entendiendo que no podrá neutralizarlo totalmente.

Dentro de las acciones posibles se recomienda evitar la reducción lisa y llana de precios. Una opción es simplemente mantener los precios sin cambios, y aceptar una cierta caída en los volúmenes, pero minimizando el impacto en los resultados. Otra es elevar el nivel de servicio (por ejemplo, el servicio al cliente, las condiciones de entrega, o la garantía) por el mismo precio, o bien realizar promociones ligadas a la cantidad (por ejemplo, lleve tres, pague dos). Estas acciones ayudan a minimizar el impacto negativo, preservan los precios de referencia de los clientes y resignan una menor porción de margen.

Polémicas contradicciones

La teoría de los juegos[25] permite entender algunos de los enormes dilemas que enfrentan las empresas inmersas en

---

25. Chiu, Chun-Hung; Choi, Tsan-Ming y Li, Duan: "Price Wall or War: The Pricing Strategies for Retailers", en: *IEEE Transactions on Systems, Man, and Cybernetics, Part A: Systems and Humans*, New Jersey, March 2009.

guerras de precios. Lo más difícil de aceptar para las compañías afectadas es que aun si adoptan alguna de las medidas de contención anteriores, se reducirá el impacto negativo en sus resultados y se preservará la rentabilidad de todo el mercado. Sin embargo, esto permitirá que el competidor que inició el recorte de precios cumpla su objetivo de expandir su participación de mercado, y quizás también de aumentar sus resultados.

En definitiva, quienes se "han portado mal" no reciben su castigo, pues si se decidiera imitar la reducción de precios, significaría deteriorar aún más la situación de las empresas afectadas.

Por lo tanto, utilizando la lógica de la teoría de los juegos, aun cuando indirectamente se favoreciera al competidor que inició el recorte de precios, lo mejor que pueden hacer las empresas afectadas es explorar medidas alternativas (mantener precios, incrementar servicios o promociones por cantidad) para minimizar el impacto en sus propios resultados.

Alguien dijo que la venganza es el placer de los dioses, aunque en materia de precios suele ser un placer demasiado caro.

Cita a ciegas: la estrategia de los precios opacos

La web ofrece oportunidades de pagar precios increíbles por alojamientos y viajes. Sin embargo, para aprovecharlas es necesario aceptar un mayor nivel de incertidumbre que en una compra habitual. A continuación los detalles de las estrategias de precios opacos.

"Increíble: hotel de categoría en Nueva York a solo US$ 50 la noche." Este podría ser un anuncio muy tentador, pero, ¿cuál es el hotel? Justamente ese es el dato reservado. La información solo será revelada una vez que el cliente confirme la compra. Para ello, deberá ingresar los datos de la tarjeta de crédito en alguno de los sitios de Internet que ofrecen viajes bajo la modalidad de precios opacos. El término *opaco* (que alude a la falta de transparencia de la información suministrada) se refiere a que el comprador no conoce todas las condiciones de aquello que está comprando por el precio preestablecido. En el caso del hotel, no se conoce anticipadamente el nombre, ni la cadena a que pertenece, ni la ubicación exacta, ya que a lo sumo puede seleccionarse una zona aproximada.

A cambio de aceptar esta incertidumbre, el cliente recibe como ventaja la posibilidad de acceder a precios mucho más bajos que a través de los canales de ventas habituales. Esta modalidad apunta fundamentalmente al segmento de clientes más sensibles al precio, que están dispuestos a realizar esta "cita a ciegas", dentro de un rango de características inicialmente conocidas (categoría del hotel y zona aproximada), a cambio de sustanciales descuentos.

Por su parte, la empresa hotelera canaliza a través de esta modalidad el remanente de habitaciones que de otro modo hubieran quedado inevitablemente desocupadas. Así, pueden obtenerse beneficios adicionales aun vendiendo a precios muy bajos, y se logran resultados positivos porque el costo marginal, o adicional, de cada habitación es mínimo. Asimismo, el anonimato inicial que ofrece este sistema, reduce el riesgo para los oferentes de ver afectado el posicionamiento de la marca o de enfrentar conflictos en el mercado por ofrecer precios significativamente más bajos que los habituales.

Algunos de los sitios de Internet internacionales que ofrecen esta modalidad son Priceline (específicamente la opción *Name your own price*) u Hotwire. No se aplica solamente a hoteles, sino que también se ofrece para autos de alquiler, vuelos, viajes en crucero, e incluso paquetes turísticos completos. Es de esperar que en el futuro se amplíe el uso de esta modalidad a otros productos y servicios.

Honorarios profesionales: el origen de las diferencias

¿Por qué dos médicos de la misma especialidad pueden cobrar a sus pacientes honorarios diferentes, aun cuando atienden en la misma institución?

—El valor de la consulta con el director médico es de $ 200; en cambio, si elige alguno de los doctores de planta es de $ 100 —con tono amable, la secretaria respondió a la pregunta de Juan acerca del precio de las consultas particulares en la clínica.

—¿Por qué esta diferencia? —fue la instantánea inquietud de Juan, desconcertado por la información recibida.

—Política de la clínica —se limitó a responder la secretaria.

¿Qué hay detrás de estas diferencias que suelen observarse en los honorarios profesionales, tanto en medicina como en otras áreas? ¿Son los discípulos tan buenos como el maestro? No lo sabemos, y es difícil que podamos comprobarlo antes de experimentar las distintas alternativas. Justamente esta inevitable incertidumbre es la que permite a muchas instituciones cobrar honorarios superiores por los servicios de los profesionales más reconocidos.

Algo similar ocurre cuando vamos a una farmacia a comprar un medicamento. Para la misma droga existen varias alternativas de diferentes marcas. El hecho de que contengan la misma droga indica, aparentemente, que los efectos de todas las presentaciones son equivalentes. Pero entonces, ¿por qué las marcas más reconocidas pueden cobrar precios sustancialmente superiores a las otras presentaciones? Ocurre que aunque objetivamente no pueda afirmarse que existan diferencias, tampoco hay elementos para descartarlas por completo. Aun cuando el farmacéutico nos asegure que los componentes son equivalentes, no tenemos manera de verificarlo. Esta incertidumbre, originada por la imposibilidad de comprobar de antemano la calidad de lo que consumiremos, hace que parte de los clientes se vuelquen a las opciones de precio mayor, adhiriendo a la percepción que un precio más alto señala una mayor calidad. Además, por tratarse de productos relacionados con la salud, lo cual puede hacerse extensivo a los servicios médicos, la demanda es menos sensible al precio, y los clientes son más propensos a inclinarse por las alternativas de mayor precio.

En economía, suelen denominarse "bienes de experiencia" a aquellos productos y servicios cuya calidad no puede ser evaluada por los clientes antes de consumirlos. Dentro de esta categoría se encuentra la mayoría de los servicios profesionales. En estas situaciones, que caracterizan a los mercados con información imperfecta, factores como la reputación del prestador del servicio, la publicidad o un precio mayor interpretado como indicador de valor superior son elementos que tienen una alta importancia en la decisión de compra del cliente. En definitiva la diferencia de precios es el costo de reducir la incertidumbre. ¿Estaría dispuesto a pagar un adicional por atenderse con el director médico de la clínica?

El *check-list* de las estrategias de precios exitosas

¿Quiere saber cómo marcha la estrategia de precios de su empresa? Aquí sigue un check-list *para detectar fortalezas, debilidades y descubrir nuevas oportunidades.*

El precio es la variable más poderosa para influir en los resultados. Sin embargo, paradójicamente, suele ser una de las más relegadas en la agenda de las empresas. A la hora de fijar los precios, muchas recurren a procedimientos rutinarios, tales como agregar un cierto margen a los costos o imitar a los competidores. Como resultado de estos enfoques parciales se desaprovechan grandes oportunidades para capturar valor.

Y nosotros, ¿lo estamos haciendo bien? ¿Estamos fijando nuestros precios de un modo tal que nos permita capturar el máximo valor? ¿Cómo podemos detectar nuevas oportunidades en materia de precios?

A lo largo de este artículo presentaremos una serie de interrogantes que nos permitirán diagnosticar nuestra política de precios y descubrir oportunidades de mejora. El cuestionario de diagnóstico formula las preguntas básicas para conocer la situación de nuestra empresa según el modelo de las "4 C" (Costos, Clientes, Competidores y Canal de ventas), que identifica a los factores fundamentales que deben considerarse en forma integral al momento de tomar decisiones de precios. También se evalúan aspectos organizativos sobre la implementación de las decisiones de precios.

1) Los costos

Tradicionalmente, los costos han tenido un peso excesivo en la definición de precios. Gran parte de las empresas solo agrega un cierto margen de rentabilidad deseado a sus costos, y así se determina el precio. Esto no significa, sin embargo, que los costos no sean un factor importante. El problema surge cuando es la única variable considerada. El costo, al ser una variable interna, no refleja adecuadamente lo que ocurre en el mercado. Entonces, lo recomendable es utilizar los costos para definir el límite inferior del precio, e integrar esta información a un análisis más amplio que incluya también variables externas, como el valor percibido por los clientes, las acciones de los competidores y el canal de ventas. Veamos a continuación algunos interrogantes que nos permitirán identificar oportunidades de mejora por medio del análisis de nuestros costos.

- ¿Qué información de costos tenemos en cuenta en el momento de definir precios?

141

- ¿Somos capaces de diferenciar entre nuestros costos (fijos, variables y de oportunidad)?
- ¿Es posible identificar los costos de servir a cada cliente en particular (principalmente, en lo relacionado a requerimientos específicos)?
- ¿Tenemos productos que se venden por debajo de sus costos? ¿Qué argumentos fundamentan este hecho? ¿Qué tipo de medidas correctivas pueden implementarse?

En el largo plazo, el nivel mínimo del precio está determinado por los costos totales por unidad (fijos más variables). Ninguna empresa sobrevivirá si no cubre la totalidad de sus costos. Sin embargo, en el corto plazo y en forma transitoria, podremos aceptar un precio que cubra, al menos, los costos variables unitarios, ya que mínimamente estaremos asegurando una contribución positiva para hacer frente a los costos fijos.

Asimismo, en situaciones en las que la empresa deba decidir entre usos alternativos de recursos, será relevante medir también los costos de oportunidad. Estos están representados por el retorno que podría obtenerse por el siguiente mejor uso de los recursos. Por ejemplo, el capital de trabajo propio utilizado para financiar a clientes tiene un costo de oportunidad, representado por el retorno de la mejor inversión alternativa de estos fondos (por ejemplo, una colocación a plazo fijo en un banco).

Disponer de información de los costos de servir a cada cliente nos permitirá realizar un análisis del resultado económico por cliente. Algunos costos imputados en forma general al negocio son, en realidad, originados por requerimientos específicos de clientes. Distinguirlos adecuadamente permitirá esclarecer la verdadera contribución de cada cliente a los resultados de la empresa, para tomar mejores decisiones de asignación de recursos. Por ejemplo, si un cliente solicita un embalaje especial para los productos, la empresa debería poder imputar este costo adicional a dicho cliente, y luego evaluar si puede cobrar un extra por este requerimiento particular.

2) Los clientes

Un error frecuente en materia de precios consiste en considerar a todos los clientes de la misma manera, y adoptar así un precio único de venta. En efecto, este podría resultar muy alto para algunos (que directamente no comprarán) mientras que, para otros, podría resultar inferior a su verdadera disposición a pagar. En ambas situaciones, la empresa estará desaprovechando oportunidades de capturar valor. En este contexto, resulta conveniente analizar oportunidades de segmentar precios. Profundizar el análisis de los clientes permitirá asimismo conocer el detalle de los precios pagados por cada uno de ellos, y su verdadera contribución a los resultados de la empresa.

Para indagar en esta cuestión y detectar oportunidades de mejora, podríamos plantearnos los siguientes interrogantes:

- ¿Cuáles son los diferentes segmentos de clientes que integran el mercado? ¿Qué criterios utilizamos para identificarlos?
- ¿Actualmente cobramos a todos los segmentos el mismo precio? ¿Qué instrumentos de segmentación estamos utilizando? ¿Existen oportunidades de una mayor segmentación de precios?
- ¿Realizamos un seguimiento del precio de bolsillo (*pocket price*) pagado por cada cliente?
- ¿Disponemos de un análisis de resultado económico por cliente? ¿Cuál es la frecuencia de actualización? ¿Tenemos un programa de acciones para mejorar los precios de los clientes de menor rentabilidad?

143

- ¿Podemos identificar una proporcionalidad entre la cantidad comprada y el descuento otorgado a cada cliente (a mayor cantidad comprada, mayor descuento)? Si la relación no es proporcional, ¿existen argumentos para fundamentar este hecho?
- ¿Revisamos los precios para determinar si existen niveles psicológicos que permitan obtener mayores resultados económicos? (Por ejemplo, analizar la posibilidad de pasar de $ 9,91 a $ 9,99.)
- ¿Tenemos criterios preestablecidos (o reglas de negocio) para asegurar la consistencia entre los diferentes precios de los productos de la empresa?

2.1) Oportunidades de segmentación

En relación con las oportunidades de segmentación, dado que los clientes raramente manifiestan en forma abierta su verdadera disposición a pagar, es conveniente analizar la posibilidad de implementar instrumentos alternativos para identificar el precio adecuado para cada segmento. Algunas opciones son:

- Segmentación proactiva. En este caso, la empresa toma la iniciativa e identifica los segmentos a los que aplicará precios diferentes. Por ejemplo, tener un precio para jubilados y otro para el resto de los clientes.
- Autosegmentación. Cuando no sea posible identificar factores objetivos para segmentar, deberán establecerse las condiciones que permitan a los clientes ubicarse, de manera independiente, en el segmento de precios que les resulte más conveniente. Dentro de la autosegmentación, existen variantes como:
  - Colocación de obstáculos. El vendedor coloca algún tipo de obstáculo, y ofrece un precio más bajo a los compradores que decidan superarlo. Un ejemplo clásico es recortar y presentar un cupón de descuento.

– Precios en dos o más partes. Es una forma de segmentar según la cantidad comprada. Consiste en cobrar un cargo fijo inicial, más uno o varios tramos de cargos variables, de acuerdo con el consumo. Este mecanismo implica que los compradores pagan un precio promedio que varía con la cantidad comprada. Se aplica con frecuencia en los servicios públicos, como agua, electricidad y gas.

– Precios por paquete (*bundling*). Consiste en la fijación de un precio único por un conjunto de productos diversos, menor que el precio de los mismos artículos adquiridos por separado. Es muy útil para movilizar la venta de productos que, individualmente, tendrían menor atractivo. Microsoft, por ejemplo, vende sus aplicaciones Office como un paquete, para estimular la venta de algunos programas que difícilmente serían comprados por separado por muchos clientes.

– Precios por líneas de productos. Consiste en ofrecer, a cada segmento de mercado, una línea de productos cuyo precio se acerque a su disposición a pagar. Las segundas líneas son un ejemplo orientado al segmento del mercado más sensible al precio.

– *Revenue management.* Es una práctica de segmentación dinámica de precios ampliamente utilizada por hoteles y aerolíneas. Los precios se segmentan en función del tiempo que falta para el cumplimiento del servicio, y la capacidad que aún no se ha vendido.

2.2) Oportunidades vinculadas con el resultado económico por cliente

El análisis del resultado económico por cliente es de sumo interés para conocer el verdadero aporte de cada uno de ellos a las utilidades. Al identificar claramente el precio de bolsillo (o *pocket price*) que efectivamente paga cada cliente, después de las deducciones y ajustes que suelen realizarse con posterioridad a la facturación, puede realizarse una correcta determinación de los ingresos. Luego, corresponde deducir los costos, con especial atención a los derivados de requerimientos específicos de cada cliente, como fue explicado en el apartado anterior. Este resultado será fundamental para conocer si los recursos se están asignando adecuadamente en función del potencial de cada cliente para contribuir a los beneficios de la empresa.

Una herramienta para detectar posibles inconsistencias de precios es un análisis gráfico de cantidad promedio comprada por cada cliente frente al descuento otorgado. Esta relación podría perfectamente no ser proporcional en algunos casos. Por ejemplo, si un cliente pequeño compra con un gran descuento porque vende en una región con una alta intensidad competitiva, donde la empresa desea incrementar su participación de mercado. Sin embargo, si no existen fundamentos claros para explicarlo, significa que hay desvíos no deseados que representan una oportunidad para capturar mayor valor. Esto ocurre, por ejemplo, cuando un pequeño cliente compra a precios muy bajos porque quedó en una categoría superior debido a su nivel de compras en el pasado (y esta situación aún no ha sido actualizada). A partir de este tipo de descubrimientos, se podrá establecer un plan de acciones correctivas para eliminar los desvíos.

Para asegurar que la coherencia de las decisiones de precios se mantenga en el tiempo, resulta conveniente analizar la posibilidad de crear reglas de negocio, es decir, parámetros que deberán respetarse ante cualquier cambio de precios. Estas reglas de negocio pueden incluir: 1) niveles de precios psicológicos (por ejemplo, los precios deben terminar en 9 siempre); 2) diferencias de precios entre líneas de productos y presentaciones (por ejemplo, el envase de dos litros debe tener siempre un precio 75% mayor que el de un litro). La ausencia de estas reglas suele dejar un gran valor sobre la mesa. Imaginemos, por ejemplo, que el precio del envase de dos litros fuera solo 5% más que el de un litro. Esto provocaría una gran demanda del envase de dos litros y prácticamente eliminaría el interés por el de un litro, sin que eso haya sido una decisión deliberada de la empresa.

3) Los competidores

Las acciones de los competidores son un condicionante de las decisiones de precios de la empresa. Para evitar reacciones desmedidas e interpretar correctamente los movimientos de la competencia, la empresa debe realizar previamente acciones de inteligencia competitiva. Es fundamental, en primer lugar, entender quiénes son realmente nuestros competidores. Luego, podremos analizar su conducta de precios actual y pasada, para poder anticipar posibles reacciones y movimientos.

- ¿Quiénes son nuestros principales competidores en cada segmento de clientes?
- ¿Monitoreamos actualmente los precios de la competencia? ¿Con qué frecuencia se actualiza la información?
- ¿Construimos escenarios de las posibles reacciones de los competidores ante nuestras decisiones de precios?
- ¿Qué antecedentes tienen los competidores en relación con sus movimientos de precios?
- ¿Tiene nuestra empresa objetivos en términos de participación de mercado? ¿Cómo afectan estos objetivos a las decisiones de precios?

La identificación de los competidores y los segmentos en donde se produce la competencia nos permitirá construir un mapa de posicionamiento de precios. Esta será una fotografía de la situación de precios del mercado. Este comparativo podría ampliarse a los diferentes niveles de la cadena comercial (fabricante, mayorista, minorista).

Asimismo, deberíamos establecer un mecanismo para obtener, con cierta regularidad, información sobre los niveles de precios y su evolución. En algunos mercados, la información pública, como índices de precios o informes oficiales de cámaras y asociaciones, será suficiente para conocer los precios de los competidores. En mercados menos transparentes, la información solo podrá obtenerse a través de informes privados o mediante la metodología de *mistery shopper* (comprador encubierto). Siempre resulta conveniente que estos datos sean suministrados por terceros para garantizar su objetividad. De esta forma, la información acumulada de precios permitirá conocer y anticipar las conductas de los competidores, y prever situaciones, y posibles reacciones y movimientos, para evaluar la conveniencia de cualquier tipo de decisiones de precios de la empresa.

Por otro lado, algunas compañías otorgan máxima prioridad a sus objetivos de participación de mercado, y utilizan el precio como herramienta para conseguirlos. Sin embargo, es conveniente tener presente que no siempre existe una relación directa entre participación de mercado (*market share*) y resultados económicos. En la jerga, por ejemplo, se denomina "comprar *market share*" a la aplicación sostenida de promociones de precios y descuentos especiales con el objetivo de incrementar la participación de mercado. No obstante, siempre es conveniente que los objetivos de *market share* estén relacionados con objetivos en términos de resultados. De lo contrario, es probable que los recortes de precios en busca de mayores volúmenes acaben sacrificando los resultados.

4) El canal de ventas

La empresa debe tomar decisiones de precios considerando su impacto en todo el canal de ventas. Una guerra de precios a nivel mayorista o una oferta de un detallista de gran volumen que deprima el precio de mercado podrían terminar afectando al fabricante, si este no define lineamientos claros para todo el canal.

La política de precios tiene por objetivo brindar a todos los miembros del canal los incentivos económicos adecuados para que impulsen el producto. Por tal razón, es necesario intentar coordinar las decisiones de precios en toda la cadena para evitar conflictos y mantener el interés de todos en la venta del producto.

- ¿Tenemos una política de precios formal para el canal de ventas?
- ¿Aplicamos algún tipo de categorización dentro de cada nivel del canal de ventas?
- ¿Realizamos un monitoreo de precios y rentabilidad de cada uno de los eslabones del canal?
- ¿Qué herramientas utilizamos para reforzar el cumplimiento de las políticas de precios definidas?

La definición de una política de precios para el canal de ventas está asociada a la determinación de las condiciones de venta para todos los niveles de la cadena. Esto incluye la categorización de los miembros del canal según criterios como zona geográfica, segmento de clientes objetivo y volumen de ventas, entre otros. Esta categorización nos permitirá asignar diferentes condiciones de venta, tales como niveles de descuento, plazos de pago, y otros beneficios y obligaciones complementarios.

En los casos más simples, el canal de ventas tendrá solamente una categoría para cada nivel de la cadena. En situaciones más complejas existirán múltiples categorías. Por

ejemplo, en el mercado de IT (tecnología de la información o informática) es habitual que cada nivel de canal tenga
diferentes categorías (por ejemplo, *gold, silver* y *bronze*), lo
que implica diferentes descuentos, así como beneficios y
obligaciones adicionales.

Una vez establecida una estructura de precios que asegure los incentivos adecuados a todos los niveles del canal
de ventas, existen diversas herramientas y mecanismos de
control para asegurar su cumplimiento. Si bien en muchas
jurisdicciones existen restricciones legales a una interven-
ción directa del fabricante en los precios cobrados por otros
miembros del canal, existe la posibilidad de brindar guías
o señales, de modo que se preserve la rentabilidad en la
cadena. Entre las opciones utilizadas se encuentran:

- Emisión de una lista de PSVP (precios sugeridos de
  venta al público) que garantice una rentabilidad adecuada a todos los eslabones de la cadena.
- Impresión del PSVP en el envase del producto, para
  reforzar su comunicación al consumidor final, redu-
  ciendo la capacidad del detallista para alterar este
  precio.
- Auditorías de precios y *mistery shoppers* para verificar
  el cumplimiento de la lista de PSVP y determinar acciones correctivas dentro del marco legal vigente.

5) La organización

En los apartados anteriores, hemos brindado algunas mejores prácticas en materia de fijación de precios. No obstante, para poder capturar realmente las oportunidades que
se nos presenten, tendremos que asegurarnos de que nuestra compañía posea una estructura organizativa adecuada.
Esto implica redefinir objetivos, procesos, responsabilidades y hasta mecanismos de incentivo y remuneraciones. Las

oportunidades de mejorar los resultados por medio de nuestros precios solo se convertirán en realidades si la alta dirección es capaz de asignar una prioridad estratégica a este tipo de iniciativas y dispone los recursos necesarios para su implementación.

- ¿Existe un proceso formal para la toma de decisiones de precios? ¿Cuáles son los diferentes niveles de aprobación requeridos?
- ¿Quién es el responsable de las decisiones de precios? ¿Qué fuentes de información utiliza?
- ¿Existe coherencia entre la estrategia general del negocio y la estrategia de precios?
- ¿Hay indicadores de la gestión de precios en el tablero de control (*balanced scorecard*) de la empresa? ¿Existe algún sistema de compensación relacionado con los resultados de la empresa?
- ¿Cumple la estrategia de precios con las restricciones legales establecidas por la normativa vigente?

Las decisiones de precios deben estar adecuadamente integradas a la estrategia general del negocio, ya que se trata de la variable fundamental para transformar el valor creado en resultados económicos. Pensemos, por ejemplo, en una compañía que invirtiera grandes recursos en una estrategia de diferenciación para elevar la percepción de valor de sus clientes. En este supuesto, elegir un nivel precios bajos no sería lo más adecuado, ya que el valor adicional creado no podría ser capturado. Del mismo modo, en el caso de productos altamente diferenciados, un precio bajo no actúa como refuerzo para ser percibido como un producto superior.

Este tipo de incoherencias delata la falta de coordinación entre las decisiones de las diferentes áreas de la empresa. Precisamente, definir indicadores clave que permitan evaluar la gestión de precios dentro del tablero de control general

151

de la empresa nos permitirá detectar estas situaciones. Por ejemplo, un indicador de resultado económico por cliente podría poner de manifiesto que hay una caída en los resultados, ya que se han incrementado los costos por las acciones de diferenciación (rediseño de producto, reposicionamiento de imagen, nueva campaña de comunicación, etc.), y eso no ha sido acompañado de un ajuste de precios para capturar el valor adicional brindado a los clientes.

Los sistemas de compensación basados en objetivos de volúmenes de venta, que suelen remunerar a las áreas comerciales, son muchas veces responsables de una gestión de precios mediocre, ya que privilegian las cantidades en lugar de la mejora de los resultados económicos. Resulta conveniente analizar la implementación de sistemas de compensación relacionados con el valor capturado por la compañía. Por ejemplo, la empresa podría pagar comisiones superiores al área comercial por las ventas de líneas *premium*, para generar mayores incentivos e impulsar los productos con margen de rentabilidad más alto.

Como hemos observado, el carácter integrador de las decisiones de precios requiere de una visión global de la empresa por parte de quienes lideren las iniciativas de precios. Así, una cantidad creciente de empresas internacionales está implementando un área especializada en precios. Cada empresa debería designar, al menos, un responsable de las decisiones de precios que posea una visión adecuada de las variables clave, y tenga a su cargo la recopilación y análisis de la información procedente de diversas áreas: costos (suministrados por el área financiera), datos de los clientes y de su percepción de valor (informados por marketing), y datos de competidores y canal de ventas (aportados por el área comercial).

El responsable de precios analizará de manera integrada esta información y presentará propuestas, cuyos lineamientos generales deberán ser aprobados por la alta dirección. Y, en su tarea, este responsable también deberá velar por los aspectos legales que afecten a la política de precios. Estos también deben ser incorporados al análisis de las variables clave como restricciones que cualquier decisión de precios debe cumplir.

6) Conclusiones

Aquí hemos presentado una serie de interrogantes clave para evaluar la calidad de nuestras decisiones de precios. Gracias a la información que nos brinda este diagnóstico, podremos diseñar planes de acción que nos permitirán incorporar las mejores prácticas de precios y aprovechar las oportunidades detectadas. Estos planes deberán incluirse en un cronograma de tareas, ordenadas según el impacto estimado en los resultados, y los recursos necesarios para su implementación.

Así, para aquellas empresas que deseen ir más allá de "agregar un margen sobre los costos" y quieran emprender el camino de la profesionalización de las decisiones de precios, a continuación se enumeran sintéticamente algunas pautas básicas para orientar las acciones:

- Adoptar una visión integradora de las variables clave de los precios (costos, clientes, competidores y canal de ventas), evitando enfoques parciales.
- Utilizar los costos solo para conocer el piso de las decisiones de precios.
- Explorar oportunidades de segmentación de precios, en los casos en que se cobre un precio único a todos los clientes.
- Identificar competidores relevantes y realizar un seguimiento de los precios cobrados en cada segmento del mercado, de manera de anticipar conductas y posibles reacciones.

- Coordinar y controlar las decisiones de precios en toda la cadena comercial para evitar conflictos y mantener el interés de todos en la venta del producto.
- Designar un responsable de decisiones de precios dentro de la empresa que cuente con el aval de la dirección.

4. TENDENCIAS

Las decisiones de precios se encuentran en constante evolución. Sin ir más lejos, el surgimiento de Internet ha dado lugar a nuevos modelos de precios, algunos de ellos tan radicales como el que propone entregar productos y servicios en forma gratuita. Las empresas que quieran mantenerse en el mercado deberán comprender las nuevas tendencias en materia de precios, y analizar la mejor manera de incorporarlas.

Póngale el precio usted mismo

¿Alguna vez imaginó decidir libremente el precio a pagar? Algunas organizaciones están haciendo innovaciones radicales en materia de fijación de precios, y esta es la modalidad elegida.

¿Cuánto quiere pagar por el nuevo disco de su grupo favorito? No se trata de una broma, ni de una engañosa promoción, los fanáticos de Radiohead respondieron libremente esta pregunta, ya que la banda británica de rock alternativo anunció un novedoso esquema de precios al comercializar uno de sus últimos discos.

Radiohead anunció en octubre de 2007 que permitiría a todos los interesados fijar libremente el precio a pagar por descargar la versión original de su disco *In Rainbows,* al principio solo disponible en su página web (www.radiohead.com). Así, el precio a pagar podía variar desde cero hasta el nivel que marcara la generosidad de los compradores. Las primeras estadísticas, luego de un mes de vigencia de la promoción, indicaban que se había registrado un total 1.200.000 descargas del nuevo disco. De este total, casi el 40% de los que lo descargaron habían pagado por él. El precio promedio ascendía a 6 dólares, lo que representaba, hasta ese momento, la nada despreciable suma de US$ 2,8 millones. Un excelente número si se considera que no deben deducirse los tradicionales gastos de intermediación de las compañías discográficas. Como complemento de esta estrategia, Radiohead ofrecía también una versión convencional en CD de su nuevo disco, con una presentación especial y algunos temas extra, disponible también a través de su sitio de Internet, pero en este caso a un precio fijo.

¿Qué ventajas adicionales tuvo para Radiohead esta innovadora estrategia de precios?

- Las descargas de música tienen un costo marginal cercano a cero, ya que se trata de archivos disponibles en Internet. Por lo tanto, el grupo no debía preocuparse por la cantidad de descargas, ya que eso no representaba costos adicionales.
- Tuvo amplia cobertura en diversos medios, por lo novedoso de la modalidad de venta, lo que permitió difundir ampliamente el lanzamiento, no solo entre los tradicionales seguidores del grupo, sino también entre posibles nuevos interesados.
- Permitió la "autodiscriminación de precios", esto significa que cada cliente determinaba el precio que estaba dispuesto a pagar, lo cual otorgaba mucha más flexibilidad que una estrategia tradicional de precio único.
- Desalentaba la piratería y descarga no autorizada, ya que la versión original se encontraba disponible bajo este esquema flexible.

Sin embargo, a pesar de parecer una propuesta tan innovadora, no es absolutamente original. También existen otros ejemplos, mucho más cotidianos, de estrategias "póngale el precio usted mismo" en otros sectores. ¿Cuántas veces nos hemos detenido a escuchar a algún artista callejero que, luego de su actuación, pide una contribución voluntaria? En este caso el precio pagado por ver el espectáculo es completamente flexible, ya que el espectador puede optar por desde no pagar nada hasta ser muy generoso si le ha gustado el espectáculo o siente algún reconocimiento especial hacia este tipo de artistas. Una situación similar ocurre cuando concurrimos a un restaurante: la tradicional propina por el servicio de atención de la mesa depende en gran medida del precio que le asigne el consumidor al servicio recibido. Si bien existen usos y costumbres relacionados con los porcentajes que suele adjudicarse a la propina, el precio final es generalmente decidido por el consumidor. Existen asimismo ONG que han utilizado este tipo de estrategias. Es el caso de la organización argentina "Pintores sin manos", que algunos años atrás aplicó esta estrategia para la venta de sus tarjetas de Navidad y Año Nuevo. Esta organización envió por correo a posibles interesados extraídos de una base de datos una colección de tarjetas impresas con obras de pintores discapacitados, y con el envío se acompañaba un formulario para realizar un giro postal voluntario, por una suma que quedaba a criterio del destinatario de las tarjetas.

Este tipo de estrategias dista mucho de tener una aplicación generalizada, ya que los consumidores raramente son honestos acerca del precio que estarían dispuestos a pagar en verdad. Sin embargo, estas iniciativas surgen como un llamado de atención acerca de las posibilidades que las innovaciones en materia de fijación de precios pueden ofrecer, y permiten a las empresas ir más allá del enfoque tradicional de fijar el precio agregando a los costos un cierto margen de rentabilidad deseado.

Freeconomics: ¿es negocio lo gratuito?

Los nuevos modelos de negocios basados en la gratuidad están revolucionando el mercado, especialmente en empresas de base tecnológica.

¿Es posible ganar dinero si se cobra un precio igual a cero, o simplemente se deja que los clientes pongan el precio?

La tecnología y el impacto de Internet han reducido en forma drástica los costos de provisión de muchos productos y servicios, hasta llevarlos a un nivel casi nulo. Si bien la tecnología en sí tiene costos de equipamiento y mantenimiento, las grandes escalas hacen que los costos de suministro y distribución para cada usuario adicional (costo marginal) se acerquen cada vez más cero. Es así como Google o Yahoo! no cobran por sus servicios a sus millones de usuarios finales y, por ejemplo, podemos leer casi cualquier diario por la web sin tener que pagar absolutamente nada.

Chris Anderson, editor en jefe de la revista estadounidense *Wired*, ha definido a este fenómeno como *freeconomics* (economía de lo gratuito), que consiste en el desafío de hacer viable un negocio sin cobrar a los usuarios finales por los productos o servicios suministrados.

Desde luego, lo anterior no significa que las empresas tengan que renunciar a su objetivo de obtener beneficios. El desafío consiste en aplicar nuevos modelos de negocios, donde cobrar el mayor precio posible a cada cliente deja de ser la lógica más conveniente.

Modelos de negocios *free*

Si bien la enumeración no es exhaustiva, ya que el fenómeno se encuentra en plena evolución, algunos de los modelos de negocios más populares dentro de la *freeconomics* son los siguientes:

- **Publicidad tradicional.** Es uno de los más difundidos, y su vigencia se ha mantenido por mucho tiempo. Se trata del modelo de negocios utilizado durante décadas por los canales de televisión de aire y las radios. En este caso, los usuarios directos no pagan nada por el servicio, pero los ingresos por la venta de anuncios publicitarios permiten sostener el negocio. De algún modo, el objetivo de la empresa en estos casos es vender posibles clientes a los anunciantes. Es la opción elegida por sitios como Taringa!, por mencionar un ejemplo.

– **Publicidad sujeta a resultados.** Es similar al anterior, solo que los anunciantes deben pagar según los resultados obtenidos por la exhibición de la publicidad. La medición de resultados se realiza a través de algún parámetro previamente estipulado, como cantidad de visitas, consultas o directamente transacciones realizadas gracias a la publicidad exhibida. Google, por ejemplo, emplea la modalidad de cobrar a sus anunciantes según la cantidad de *clics* (visitas) que realizan los usuarios en los avisos publicados en la web. Asimismo, Google comparte los ingresos de esta modalidad con sitios web asociados, que permiten publicar en sus propios sitios publicidades definidas por Google. Este sistema de ingresos publicitarios compartidos es conocido como Google AdSense.

– *Freemium.* En este caso, la versión básica del producto o servicio se ofrece en forma gratuita, pero debe abonarse un cierto precio para acceder a la versión completa o *premium*, que incluye mayores prestaciones. Es un modelo ampliamente difundido para la comercialización de software, cuando se entrega gratis una versión "demo", de validez o alcance limitado, y se establece un precio para la versión *full*, que incluye todas las funciones. Por ejemplo, la empresa Skype ofrece llamadas sin cargo vía Internet entre usuarios del servicio, pero debe abonarse un precio para llamar desde Skype a teléfonos fijos o celulares.

– **"Usted ponga el precio".** Algunas empresas permiten que sus clientes determinen libremente, o dentro de ciertos rangos preestablecidos, cuál será el precio a pagar. Como hemos referido, en 2007 el grupo de rock Radiohead vendió su álbum *In Rainbows* por Internet, permitiendo que sus seguidores definieran libremente el precio a pagar por realizar una descarga de los temas musicales. Asimismo, el gurú de liderazgo Robin Sharma ha ofrecido en su sitio web distintos cursos *on line* por los cuales los compradores pueden elegir el precio a pagar, a partir de un mínimo preestablecido.

- **Subsidios cruzados.** Es un modelo también de larga data. Se trata de ofrecer un cierto producto o servicio gratis, con la condición de que se pague un precio determinado por la compra de otro producto o servicio relacionado. Ocurre con frecuencia en el caso de la telefonía celular, donde los aparatos son entregados en forma gratuita, o con importantes descuentos, a cambio de la contratación de planes de abono para realizar llamadas durante un período mínimo de permanencia.

La revolución del *freeconomics*

La irrupción de estos nuevos modelos de negocios está causando una verdadera revolución en el mercado. En Internet, por ejemplo, hoy en día es muy difícil conseguir que los usuarios finales de un cierto servicio paguen de manera directa por acceder a él. El auge de lo gratuito los ha acostumbrado a recibir valiosos productos y servicios, como música, videos o información, sin tener que pagar absolutamente nada. Esto representa un gran desafío para las empresas. Mientras algunos predecían que eso significaría la destrucción de muchos mercados, por la imposibilidad de generar ingresos, han aparecido muchas compañías que, mediante algunos de los modelos alternativos de *freeconomics* están obteniendo grandes beneficios. Organizaciones que prácticamente no existían tan solo diez años atrás, han comprendido la nueva dinámica de los mercados, y han liderado la adopción de esta nueva manera de hacer negocios. Mercados como el de la música, el cine, la publicidad, las comunicaciones y la información son los primeros que han sentido los impactos de estos cambios que seguramente seguirán redefiniendo la manera de hacer negocios, también en otros ámbitos.

Los modelos de negocios *free* están revolucionando muchos sectores de la economía y, como ocurre en la mayor parte de los casos, la gran ventaja la tienen quienes primero vislumbran la oportunidad. Y usted, en su empresa, ¿puede detectar oportunidades de rentabilidad si entrega productos o servicios en forma gratuita o si simplemente deja que sus clientes fijen el precio?

Cuando un centavo es demasiado caro

Para quien recibe algo gratuito, comenzar a pagarlo significa una gran conmoción, así sea un precio sumamente bajo. ¿Qué opciones tienen las empresas que han basado su negocio en entregar cosas gratis?

Es como si las verdulerías quisieran comenzar a cobrar por las ramitas de perejil. Esta fue la metáfora que utilizó Juan para explicar a su amigo el dilema que enfrentan sitios web como Twitter, Facebook o las ediciones digitales de algunos diarios. Estas organizaciones crecieron explosivamente gracias a la atractiva propuesta de ofrecer servicios gratuitos en la web. Si bien generaron ingresos mediante la venta de publicidad *on line*, estos resultan insuficientes para garantizar la sustentabilidad en el largo plazo. Entonces han comenzando a considerar la posibilidad de cobrar por algunos de sus servicios. Pero, ¿es tan sencillo comenzar a cobrar, aunque sea un precio muy bajo, por algo que hasta el momento se ofrecía gratis? ¿Pueden las verdulerías alegremente comenzar a cobrar por las ramitas de perejil?

161

Aquí aparece un interesante concepto desarrollado por Chris Anderson, un referente internacional en tecnología y negocios, llamado *penny gap* o "la diferencia de pagar un centavo". Esto alude a la diferencia abismal que representa psicológicamente para un consumidor recibir algo gratis en vez de pagar por ello, aun cuando el precio establecido sea bajísimo, como por ejemplo un centavo. La sensibilidad de los clientes al precio, un concepto que los economistas denominan "elasticidad", se dispara cuando pasamos de la gratuidad a lo pago. Sin embargo, los clientes se comportan en forma relativamente mucho menos sensible cuando se trata de cambios de precios en niveles ya positivos. Esto ocurre porque para determinar si algo es caro o barato, por lo general, una persona compara el precio anunciado con sus precios de referencia, originados especialmente en experiencias anteriores. En el caso de los formatos gratuitos, el precio de referencia es cero, y de hecho todo parece muy caro si lo comparamos con ese valor.

Considerando la gran dificultad que representa empezar a cobrar un precio por ofrecer exactamente lo mismo que antes era gratuito, las empresas están explorando nuevas alternativas. Una de ellas es el modelo *freemium*, que mantiene gratuitos los servicios actuales, aunque prevé un pago para los clientes que contraten un servicio *premium*, que incluye prestaciones adicionales, hasta el momento no disponibles. De esta manera, será menor la resistencia de los clientes, pues si bien perciben que ahora pagan un precio, recibirán a cambio un valor adicional.

¿Qué ocurrió con las verdulerías y el perejil? *Freemium*. Muchas optaron por empaquetar el perejil, y comenzar a cobrar por una mayor cantidad en una mejor presentación. Soluciones similares en mercados, a primera vista, completamente diferentes.

¿Juega Messi? El *revenue management* aplicado a los espectáculos

El pronóstico del tiempo, la confirmación de la presencia de estrellas, la posición del equipo en el campeonato, todo cuenta al momento de definir el valor de un espectáculo. Las técnicas de revenue management *permiten a los organizadores de espectáculos de todo tipo acercarse como nunca al precio que el público está dispuesto a pagar.*

"Este es el precio actual, aunque puede variar si se confirma que juega Messi o si el pronóstico del tiempo reduce la probabilidad de chaparrones", podría ser la respuesta a una consulta de precios para un partido de fútbol en un futuro no muy lejano. Todo vale al momento de capturar parte del valor cambiante que los clientes le atribuyen a las entradas a un espectáculo, ya sea deportivo o de cualquier otro tipo.

Así, en lugar de establecer un precio y mantenerlo fijo hasta la fecha de realización del espectáculo, este enfoque propone que el precio varíe en función de las condiciones del momento en que se realiza la compra. Estas particularidades tienen un correlato cercano a la percepción de valor de los clientes, y por lo tanto, con su disposición a pagar. El precio y sus criterios de determinación deben tener la flexibilidad que permita capturar estas variaciones.

Ya explicamos que esta es una práctica habitual en las aerolíneas y cada vez más en los hoteles. En estos casos, los precios se ajustan en forma permanente en función del tiempo restante para la prestación del servicio y el remanente de asientos o habitaciones sin vender. Sucede que en estos sectores, aquello que no se vende no puede mantenerse en inventario para ser ofrecido en el futuro, y de allí lo crítico de establecer el precio correcto en cada momento.

Del mismo modo, la entrada a un espectáculo es un bien perecedero; es decir, no puede almacenarse y representa una oportunidad perdida de generar ingresos si no se vende antes del momento de la presentación. Al aplicar este enfoque, el precio puede tener una gran variabilidad. Podemos pensar, por ejemplo, en liquidaciones de último momento si queda gran cantidad de lugares disponibles. O también en un importante incremento de precios minutos antes de colocar un cartel que anuncie: "No hay más localidades".

Las oportunidades de obtener un importante flujo de ingresos extra a partir de esta nueva lógica de fijación de precios ya está llamando la atención de los organizadores de eventos en todo el mundo.

En el caso de los espectáculos, a las variables clásicas para segmentar precios, como la ubicación de los asientos o el tipo de cliente (por ejemplo, socio, no socio, jubilados, estudiantes), se incorporan nuevos criterios para identificar la disposición a pagar en cada momento. Así, el precio finalmente abonado dependerá además de variables como las siguientes: la cantidad de localidades remanentes, la anticipación a la fecha de realización del evento, cuál es el equipo rival, la posición en el campeonato, el pronóstico del tiempo, la presencia de ciertas estrellas en el espectáculo, entre otras cosas.

Ya existen experiencias de aplicación de este tipo de enfoques. Un popular equipo de béisbol en los Estados Unidos, los Giants de San Francisco[26], está utilizando precios dinámicos para vender los asientos en su estadio, con la ayuda de una empresa especializada en tecnología de *revenue management.*

Las herramientas analíticas del *pricing* están aportando nuevos puntos de vista a la gestión de las empresas. Microsegmentar precios o, como se denomina en economía, aplicar discriminación (casi) perfecta de precios, ha dejado de ser una utopía; se trata de un objetivo al alcance de una gran cantidad de sectores.

---

26. Satarino, Adam: "Pricing Baseball Tickets Like Airline Seat", *Business Week.* May 20, 2010.

Precios "a la carta"

Bares y restaurantes a menudo subestiman la importancia de la carta, o menú, como elemento de comunicación de precios para los clientes. Aquí siguen algunos trucos para mejorar la comunicación de precios en la gastronomía.

La forma como se comunican los precios tiene un impacto muy importante en los clientes. Un caso sorprendente son las cartas de los restaurantes.

Juan abrió el menú y, siguiendo las líneas punteadas que acompañaban a cada plato, rápidamente fijó su atención en los precios encolumnados a la derecha de cada página. Luego comenzó a repasar cada uno de los platos, para definir su elección. Una situación nada extraña para el común de la gente, ni aun para los propios dueños de restaurantes. Sin embargo, esto representa una situación catastrófica a los ojos de un "ingeniero de menú". Esta nueva profesión, de creciente auge en los Estados Unidos, tiene como función principal incrementar la rentabilidad de los bares y restaurantes implementando mejoras en el menú. Sin embargo, por lo general, no trabajan sobre el aspecto gastronómico, sino que se concentran en mejorar la comunicación de los precios y de los diferentes platos ofrecidos. Una herramienta fundamental de estos profesionales es el conocimiento de la psicología de los consumidores.

Según estos expertos, uno de los principales errores en la confección de las cartas es que en ellas se prioriza la comunicación del precio, poniéndolo en primer plano, en lugar de dar a conocer inicialmente los platos y sus características. Como todo hábil vendedor sabe, el cliente debe conocer en primer lugar los atributos del producto, y solo a continuación el precio. Las clásicas líneas punteadas que acompañan a cada plato, guiando al cliente hacia un precio prolijamente encolumnado sobre la derecha, son un claro ejemplo de la importancia que tradicionalmente se le otorga a que el cliente primero evalúe el costo. Entre las propuestas de los ingenieros de menú se encuentra la eliminación de las líneas punteadas, así como del signo pesos que acompaña al precio. Asimismo, proponen una mayor descripción de los platos, para reforzar su atractivo, e incluir el precio solo al finalizarla.

Como bien lo saben los expertos en publicidad, la organización de la información, conocida como *layout,* es un aspecto fundamental para captar la atención. En este sentido, recomiendan incluir los platos más rentables en la parte superior derecha de la página de la derecha. La razón principal es que la vista siempre se detiene en dicha ubicación.

Estos son solo algunos ejemplos del manual de los ingenieros de menú. Otra demostración de la manera en que la sintonía fina en materia de precios y comunicación puede contribuir a los resultados de las empresas. Seguramente la próxima vez que abra la carta de un restaurante mirará los precios de otra manera.

Restaurantes donde el precio lo decide el cliente

Algunas empresas, con gran osadía, han delegado la función de definir precios en los propios clientes. ¿Una locura? Veamos el caso de un particular restaurante.

—¡Mooozo!, la cuenta por favor —solicitó Juan desde su mesa. La paella de aquel restaurante era realmente recomendable, pensó al finalizar la cena.

Dos minutos más tarde, el camarero le acercó la cuenta. El detalle incluía las bebidas, entradas, servicio de mesa, todo con su respectivo precio, pero al llegar al plato principal, se encontró con una gran sorpresa. Un pequeño formulario pedía que calificara a la paella, y según la calificación, se determinaba el precio a pagar. Si la evaluación era "regular", entonces el plato era sin cargo, y los precios se incrementaban gradualmente, a medida que la evaluación mejoraba. Luego de una inevitable batalla entre su conciencia y su bolsillo, Juan tildó la calificación elegida, y se la entregó al mozo para que confeccionara la cuenta final.

Esta situación está basada en una experiencia real, realizada por un restaurante del centro rosarino, especializado en cocina mediterránea. Y no es el único. En el barrio de Palermo, en Buenos Aires, un restaurante permite que los comensales determinen libremente el precio a pagar por el total de lo consumido, excepto las bebidas y el servicio de mesa. ¿Qué moviliza a algunas empresas a ensayar este tipo de estrategias de precios?

Antes que nada, diferenciarse. En un mercado por demás competitivo y saturado de propuestas, evidentemente resulta muy llamativo este tipo de alternativas.

En segundo lugar, segmentar a sus clientes según su disposición a pagar. Es una opción para evitar establecer un precio único, que podría ser muy alto para algunos clientes, y muy bajo para otros. En un mundo ideal, el precio cobrado debería reflejar exactamente el valor que el cliente le atribuye a lo consumido. Podrían existir tantos precios como valoraciones diferentes de clientes. Sin embargo, un gran obstáculo para implementar esto es que al dejar a criterio de los clientes el precio, raramente ellos serían honestos respecto de su verdadera disposición a pagar.

Sin embargo, estos restaurantes han tomado el riesgo de confiar en sus clientes, y de acuerdo con los comentarios recibidos, los resultados han superado las expectativas iniciales. El restaurante rosarino manifestó que si bien el sistema se había implementado como una promoción, es decir, por tiempo limitado, nunca recibió una calificación "regular" en su plato principal. Por el lado del restaurante porteño, sus dueños manifestaron que alrededor del 70% de los comensales pagan de acuerdo con los precios promedio de mercado de los platos servidos. Toda una revelación.

Nuevas estrategias de precios como solución a problemas públicos

Definir un precio es mucho más que calcular un costo. Innovadoras estrategias de precios están contribuyendo, no solamente en el sector privado, a solucionar problemas en materia de servicios públicos.

—¡Taxi! —Juan se apura a subir al auto, un sábado a las 23 horas en una calle de la costanera de Rosario.

Mientras realiza el viaje se da cuenta de que el precio que tendrá que abonar no será el mismo que pagó el viernes a las 10 horas, cuando fue al centro de la ciudad a hacer un trámite bancario. Habla con el chofer, y le pregunta por qué la tarifa es diferente.

—¿Cuál es la diferencia de costos de prestar el mismo servicio en dos días y horarios distintos? —interroga Juan.

El chofer, algo desconcertado, se encoge de hombros y opta por hacer caso omiso de la pregunta.

¿Son los costos realmente el único determinante de los precios? Hasta hace algunos años muy poca gente se hubiera animado cuestionar que los precios deben basarse exclusivamente en los costos de producir o suministrar un cierto producto o servicio. Es más, todo aquel que propusiera considerar otros factores al momento de definir precios, habría sido acusado de intentar abusar de su poder de mercado.

Sin embargo, por fortuna, muchas cosas han cambiado. Hoy en día, se ha comprendido que las decisiones de precios van más allá de un simple cálculo de costos al cual se le agrega un cierto porcentaje de rentabilidad objetivo para la empresa. Existen otros factores a considerar al momento de tomar decisiones de precios, tales como el rol de los clientes, las acciones de los competidores, y la influencia del canal de ventas, solo por mencionar algunos de los principales. Considerar los precios como el resultado de la interacción de un conjunto de factores aporta un gran poten-

168

cial a este tipo de decisiones, que tiene consecuencias fundamentales en la viabilidad económica de cualquier empresa, aun por encima de variables clásicas como los costos o las cantidades vendidas.

Es así como los nuevos enfoques de fijación de precios han traspasado las fronteras de los negocios privados, para aportar también su granito de arena a la solución de problemas públicos. Cada vez es más frecuente encontrar soluciones innovadoras en materia de decisiones de precios en diferentes tipos de servicios públicos. Veamos algunos ejemplos:

- La tarifa diferencial del servicio de taxis. En algunas ciudades el precio a pagar por el servicio de taxi varía según la hora y día del servicio, y según la manera de solicitarlo: por radiollamada o en la calle.
- El pasaje segmentado del transporte urbano de pasajeros. El precio varía según sea un pasaje único ocasional frente al precio de la tarjeta prepaga multiviaje. Y aun con la tarjeta prepaga, también varía el precio según la cantidad de viajes que contenga. También existen precios diferenciales a estudiantes (pasaje estudiantil).
- El precio de los peajes según la congestión de tránsito. En ciertas rutas y autopistas se aplican precios diferenciales de peaje según la cantidad de pasajeros transportados en el vehículo. Asimismo, los precios varían si se trata de horas pico o no, y según el día de la semana o la temporada (por ejemplo, se incrementan en las rutas a destinos turísticos en temporada alta).
- Entradas a museos. Se aplican precios diferentes los días hábiles y los fines de semana. También se realizan descuentos a estudiantes, docentes y jubilados sobre el precio para el público en general.

En cada uno de estos casos el costo de suministrar el servicio es prácticamente el mismo, por lo cual no puede argumentarse que sea el fundamento principal de los diferentes precios que se aplican.

Sin entrar en un juicio de valor acerca de si los precios establecidos son o no los más indicados, resulta interesante hacer hincapié en los beneficios que aportan estos nuevos enfoques en materia de precios:

- **Segmentación de clientes.** Una política de precio único presenta varios riesgos. Si el precio determinado es muy bajo, probablemente la viabilidad económica del producto o servicio se encuentre en peligro. Por otra parte, si es alto, seguramente muchos potenciales clientes quedarán excluidos, por resultarles inaccesible. La solución, entonces, es tratar de agrupar a los clientes en segmentos (o conjuntos) que reúnan ciertas características comunes y a quienes pueda cobrárseles diferentes niveles de precios. La segmentación puede ocurrir incluso según el momento en que el cliente adquiere el servicio. Pero cuidado, segmentar no es cobrar "según la cara del cliente", sino que consiste en utilizar un criterio que le otorgue coherencia y fundamento a la aplicación de diferentes precios. Se establecen condiciones objetivas para que los clientes puedan ingresar a cada segmento. Por ejemplo, para abonar un menor precio por pasaje en colectivo deberá comprarse anticipadamente una tarjeta prepaga de seis viajes, o para obtener un precio especial para ingresar a un museo deberá presentar el carné de jubilado.
- **Racionamiento de los recursos escasos.** Con frecuencia los espacios y recursos de uso público se ven colapsados por la demanda, que supera ampliamente la capacidad de la oferta. Ante la imposibilidad de aumentar la oferta, al menos por un cierto plazo, el precio puede actuar como elemento regulador de la demanda. Por ejemplo, en los momentos de mayor

congestionamiento de tránsito, en ciertos peajes urbanos e interurbanos, los precios a pagar son superiores que en los momentos no pico.

- **Incentivos para mejorar el servicio.** Un mayor precio, manteniéndose el nivel de costos, implica una rentabilidad más grande para quien preste el servicio, la cual puede actuar como incentivo para mejorar la disponibilidad y calidad del servicio, y así reforzar el cumplimiento de la regulación pública pertinente. Por ejemplo, tarifas diferenciales en los taxis durante los horarios nocturnos pueden contribuir a aumentar la disponibilidad de unidades en esas franjas horarias.

Los nuevos enfoques en materia de decisiones de precios están realizando valiosos aportes tanto en el sector privado como en el público. Es momento de tomar como ejemplo las experiencias exitosas para aplicarlas a nuevos ámbitos, superando los enfoques tradicionales basados exclusivamente en los costos.

Hacia la profesionalización de las decisiones de precios

Las diferentes áreas de la empresa tienen algo que aportar al momento de tomar decisiones de precios. Sin embargo, todas proponen un enfoque diferente. ¿Cómo organizar y combinar los distintos aportes para obtener los mejores resultados?

El dueño de la empresa pegó un portazo al salir de la reunión con los gerentes. Los precios parecían fuera de control. El gerente de Administración y Finanzas recomendaba utilizar la información contable, y aplicar un *mark up* (margen adicional) sobre los costos para poder cumplir con los objetivos financieros. Por su parte, el gerente comercial hablaba de los últimos movimientos de precios de la competencia y la necesidad de mantener la competitividad. La gerente de

Marketing, a su turno, presentaba los resultados de la última investigación de mercado y sugería un nuevo posicionamiento de precios basado en la percepción de valor de los clientes. ¿A quién escuchar? Todos parecían tener argumentos razonables. Situaciones de este tipo se repiten en muchas empresas. El gran desafío de las decisiones de precios consiste en considerar simultáneamente múltiples variables clave, tales como: costos, competidores, clientes y canales de ventas, cuyo manejo primario está a cargo de diferentes áreas de la empresa. Entonces, ¿cómo garantizar un abordaje integral y equilibrado en este tipo de decisiones?

Una tendencia surgida en los Estados Unidos desde hace ya algunos años, y que gradualmente se expande a nivel internacional, ha sido la creación de una nueva área dentro de la empresa: *Pricing*. Hoy en día, la mayor parte de las empresas estadounidenses cuentan con un área especializada en *pricing* y contratan asesoría en el tema. Así, en algunos casos existe el puesto de gerente ejecutivo de precios o *Chief Pricing Officer* (CPO), que reporta directamente al ejecutivo máximo de la empresa, el CEO.

Pricing tiene entre sus funciones principales integrar información proveniente de diferentes áreas de la empresa, y liderar la implementación de las decisiones de precios que permitan aprovechar al máximo las oportunidades de capturar beneficios. A diferencia de otras áreas, tiene una visión global del proceso que lleva a este tipo de decisiones, lo que le permite detectar oportunidades que no son visibles cuando se aplican enfoques parciales.

El estatus del área de *Pricing* dentro de la organización

Para garantizar el cumplimiento de este enfoque integrador en las decisiones de precios, las organizaciones más avanzadas otorgan al área de *Pricing* el mismo rango dentro de la organización que, por ejemplo, las áreas de Ventas, Producción o Recursos Humanos. En estas organizaciones, al igual que las áreas mencionadas, *Pricing* depende directamente de la dirección de la empresa. Este diseño organizativo limita la posibilidad de que se impongan los enfoques parciales de aquellas áreas que tengan más poder dentro de la empresa.

¿Quiénes trabajan en *Pricing*?

Cómo toda área, *Pricing* tiene también sus especialistas, que son profesionales de ciencias económicas entrenados para ocupar cargos ejecutivos y de análisis. Estos recursos humanos requieren un entrenamiento multidisciplinario. Las áreas fundamentales son: finanzas, ventas y marketing, con particular enfoque en las interacciones existentes entre ellas, y cómo se traduce esto en oportunidades en materia de decisiones de precios. No existen aún carreras de grado o posgrado en materia de *pricing*, pero de la misma manera que ocurrió con otras áreas del conocimiento empresarial, no habría que descartar que surjan en el futuro. De momento, solo existen entrenamientos especializados que complementan las formaciones tradicionales en materia de ciencias económicas.

Pasos siguientes

Si bien este modelo ya fue adoptado por algunas empresas multinacionales que operan en América Latina, replicando la organización de sus casas matrices, es de esperarse que gradualmente también lo adopten empresas de origen local, a medida que se vaya tomando conciencia del impacto de un enfoque profesional de fijación de precios en los resultados del negocio.

El *pricing* está destinado a ocupar un lugar cada vez más destacado en la agenda de las empresas, de la mano de la comprensión de su notable importancia en los resultados. La posibilidad de demostrar con números concretos las ventajas directas de su implementación constituye una ventaja que pocas herramientas de gestión pueden igualar.

BIBLIOGRAFÍA

Ariely, Dan: *Predictably Irrational*. Harper Collins, New York, 2008.

Baker, Ronald: *Burying the Billable Hour*. ACCA: The Association of Chartered Certified Accountants United Kingdom, London, 2001.

Baker, Ronald: *Pricing on Purpose: Creating and Capturing Value*. John Wiley & Sons, New Jersey, 2006.

Baños, Ariel: "Fijación de precios", en: *Colección Master en Negocios*, tomo 4: *Marketing total*, Capítulo 4. Clarín iEco y Materiabiz, Buenos Aires, 2009.

Baños, Ariel: "¿Estoy fijando correctamente los precios de mis productos?", en: *Colección Master en Negocios*, tomo 12: *Un diagnóstico integral de la empresa*, Capítulo 4. Clarín iEco y Materiabiz, Buenos Aires, 2009.

Besanko, David; Dranove, David y Shanley, Mark: *Economics of Strategy*. John Wiley & Sons, New York, 2000.

Chan, Ted; Mathew, Anju y Ruggie, Andreas: "Dynamic Pricing in the secondary concert ticket market". *MIT Sloan School of Management*, June 2009.

Chiu, Chun-Hung; Choi, Tsan-Ming y Li, Duan: "Price Wall or War: The Pricing Strategies for Retailers", en *IEEE Transactions on Systems, Man, and Cybernetics, Part A: Systems and Humans*, New Jersey, March 2009.

De Jaime Eslava, José: *Pricing: nuevas estrategias de precios*. ESIC, Madrid, 2007.

De Velasco, Emilio: *El precio: variable estratégica de marketing*. McGraw-Hill, Madrid, 1994.

Dolan, Robert y Simon, Hermann: *Power Pricing: How Managing Price Transforms the Bottom Line*. The Free Press, New York, 1996.

Faga, Héctor y Ramos Mejía, Mariano: *Cómo profundizar en el análisis de sus costos para tomar mejores decisiones empresariales*. Granica, Buenos Aires, 2000.

Kahneman, Daniel y Tversky, Amos: "Prospect Theory: An Analysis of Decision Under Risk", en: *Econometrica*, 47, March 1979.

McKenzie, Richard: *Why Popcorn Costs So Much at the Movies: And Other Pricing Puzzles*. Springer, New York, 2008.

Manning, Kenneth y Sprott, David: "Multiple Unit Price Promotions and their Effects on Quantity Purchase Intentions", en *Journal of Retailing*, 2007.

Marn, Michael; Roegner, Erik y Zawada, Craig: *The Price Advantage*. John Wiley & Sons, New Jersey, 2004.

Mohammed, Rafi: *The Art of Pricing: How to Find the Hidden Profits to Grow Your Business*. Crown Business, New York, 2005.

Mohammed, Rafi: "A Proposal to Solve Concert Ticket Pricing Woes", en: *The Wrap*, June 2009.

Morwitz, Vicki; Greenleaf, Eric; Shalev, Edith y Johnson, Eric: "The Price Does Not Include Additional Taxes, Fees, and Surcharges: A Review of Research on Partitioned Pricing", en: *Social Science Research Network*, February 26, 2009.

Nagle, Thomas y Holden, Reed: *The Strategy and Tactics of Pricing: A Guide to Profitable Decision Making*. Prentice Hall, New Jersey, 2002.

Plassmann, Hilke; O'Doherty, John; Shiv, Baba y Rangel, Antonio: "Marketing Actions can Modulate Neural Representations of Experienced Pleasantness", en: PNAS, January 2008.

Philips, Robert: *Pricing and Revenue Optimization*. Stanford University Press, Stanford, 2005.

Salen, Henrik: *Los secretos del merchandising activo*. Ediciones Díaz de Santos, Madrid, 1994.

Sbdar, Manuel: *Rompiendo moldes de management y negocios*. Granica, Buenos Aires, 2007.

Simon-Kucher & Partners: "Price Wars Steadily Advancing – But Someone Else is Always to Blame", en *Press Release*, London, February 17, 2010.

Skouras, Thanos; Avlonitis, George e Indounas, Kostis: "Economics and Marketing on Pricing. How and Why do They Differ?", en: *Journal of Product & Brand Management*. Volume 14, Number 6, 362-374. Emerald Group Publishing Limited, 2005.

Tsiros, Michael y Hardesty: "Ending a Price Promotion: Retracting it in One Step or Phasing it Out Gradually", en: *Journal of Marketing*, Volume 74, Number 1, January 2010.

Wansink, Brian; Kent, Robert y Hoch, Stephen: "An Anchoring and Adjustment Model of Purchase Quantity Decisions", en: *Journal of Marketing Research*, February 1998.

Zornig, Frederico: *Acerte o preço: e aumente seus lucros*. Nobel, São Paulo, 2007.

ACERCA DEL AUTOR

- Nació en Rosario, Argentina, en 1976. Es licenciado en Economía (Universidad Nacional de Rosario), graduado con honores, y máster en Administración de Empresas (IDEA).
- En 2005 fundó, y desde entonces dirige, *www.fijaciondeprecios.com*, el primer portal en el mundo hispano especializado en estrategias de precios.
- Es miembro de la *Professional Pricing Society* de los Estados Unidos, donde ha publicado diversos trabajos.
- Ha realizado consultoría y capacitación en estrategia de precios para empresas de primer nivel, y ha dictado seminarios y conferencias especializadas en diferentes países de América Latina.
- Sus artículos fueron publicados por medios de todo el continente.
- Es profesor de programas ejecutivos en las escuelas de negocios de la Universidad Torcuato Di Tella, IDEA y ADEN.
- Se ha desempeñado durante más de diez años en una empresa multinacional del sector automotor, a cargo de decisiones de *pricing* y estrategia de negocios para América Latina.

ariel_banos@fijaciondeprecios.com.

www.ingramcontent.com/pod-product-compliance
Lightning Source LLC
Chambersburg PA
CBHW060029210326
41520CB00009B/1063